깡깡

깡깡

초판 1쇄 발행 2025년 11월 30일

지은이 권민경
펴낸이 장길수
펴낸곳 지식과감성#
출판등록 제2012-000081호

교정 주경민
디자인 강샛별
편집 강샛별
검수 한장희, 정윤솔
마케팅 김윤길

이 책에 수록된 그림은 하삼순 보살의 작품입니다.

주소 서울시 금천구 벚꽃로298 대륭포스트타워6차 1212호
전화 070-4651-3730~4
팩스 070-4325-7006
이메일 ksbookup@naver.com
홈페이지 www.knsbookup.com

ISBN 979-11-392-2931-8(03810)
값 15,000원

부산광역시 BUSAN METROPOLITAN CITY 부산문화재단 BUSAN CULTURAL FOUNDATION

이 책은 2025년 부산광역시, 부산문화재단「부산문화예술 특성화 지원사업」으로 지원을 받았습니다.

- 이 책의 판권은 지은이에게 있습니다.
- 이 책 내용의 전부 또는 일부를 재사용하려면 반드시 지은이의 서면 동의를 받아야 합니다.
- 잘못된 책은 구입하신 곳에서 바꾸어 드립니다.

지식과감성#
홈페이지 바로가기

깡깡

권민경 지음

들어가며

하얀 빈 종이 위에 커서가 깜빡거리기를 몇 해째인가. 겁도 없이 글 쓴다고 덤볐다가 도끼자루 썩는 줄 모르고 세월을 보냈다. 무언가 모를 목마름에 오아시스를 찾아 사막을 헤매고 있었다. 글에 대한 갈망이었던가 보다. 뒤늦게 글밭에 뛰어들었다. 늦었다고 생각할 때가 가장 빠르다는 좋은 말은 나에게 하는 말이었다. 늦은 수필 공부에 빠져들어 신나게 놀았다. 돌이켜 보면 정말 신명 나는 시간이었다. 나를 돌아보는 시간이기도 했다. 더 늦기 전에 열매를 맺게 도와주신 분들께 감사하는 마음이 크다. 노산이라 힘은 들었지만 정성을 다해 빚었으니 예쁘게 순산하기를 기도한다. 한 권의 책으로 태어나기까지 격려와 염려와 배려로 지원해 준 가족과 여러 선생님께 감사할 뿐이다. 나처럼 나이 많은 사람도 글을 쓰고 부산문화재단의 지원으로 책을 낼 수 있다는 사실에 용기를 가지기를 바라는 마음이다. 아낌없이 그림을 내어주신 화가 하삼순 보살님께도 진심으로 감사를 드린다.

목차

들어가며 　　　　　　　　　　　 5
[시] 가을의 여왕 　　　　　　　　 11

1부

경자에게 1 　　　　　　　　　　 15
경자에게 2 　　　　　　　　　　 17
깡깡 　　　　　　　　　　　　　 19
슬하(膝下) 　　　　　　　　　　 26
프로파일러 　　　　　　　　　　 32
숲속 음악회 　　　　　　　　　　 38
낙엽은 지고 있는데 　　　　　　　 43
묵찌빠 　　　　　　　　　　　　 48
처녀 엄마 　　　　　　　　　　　 53

[시] 공동 수돗가 　　　　　　　　 60
[시] 부산역에 서서 　　　　　　　 62

2부

경자에게 3	67
경자에게 4	69
펜트하우스	71
하늘로 간 산정호수	78
내풍	84
엄마의 향기	89
예쁜 배신자	94
로또	98
모녀 테라피	103
술타령	109
[시] 아리랑 고개	115
[시] 정란각	116

3부

경자에게 5   121
경자에게 6   123
경자에게 7   125
에스프레소   127
ㅎㅎㅎ   132
봄날   137
덤   142
라떼는 말이야   147
동구 곡곡   153
안창에서 태백산맥으로   158

[시] 임 그리운 꾸냥   163

4부

황금 팔찌 167
한 소식 172
햇빛막이 178
라메리의 상흔 184
텃밭 190
날아다니는 불 196
니는 모른다 201
21년 만의 외출 207

[시] 찻잔 213

[해설] 권민경 수필의 현재진행형에 대하여 215
    - 정문숙

가을의 여왕

짓궂은 아가씨들
나를 꺾지 마오
내 목이 달아나면
가을은 망하오

그대들 옷깃이 스치는
걸음마다 달콤한
향기를 주리다

하얀, 노란, 자줏빛
국화의 날개를
짓궂게 찢으려 하오

언젠가 지고 말 꽃
그러나
좀 더 오래
피어 있고 싶을 뿐이니

1부

경자에게 1

경자야 비가 오는 아침이다. 잘 지내고 있겠지? 대기 번호 뽑아 들고 코로나를 기다리는 것 같아. 안 걸려도 하나도 이상하지 않을 만큼 우리 모두가 대기 중이다. 걸리더라도 지혜롭게 잘 견디고 건강하게 다시 만나기를 희망해 본다. 오늘같이 비 오는 날 따뜻한 차 한잔 마시며 좋은 음악도 감상하고 즐거웠던 옛 추억도 소환해 보길. 또 하루를 시작하는 아침에 친구들을 생각해 본다. 이사 준비하느라 힘들진 않는지, 이것저것 복잡한 거 다 비우고 천천히 여유롭게 가렴.

얼마나 멀었으면 1박 2일 동안 이사하니. 쉬지 않고 달려도 20시간이 걸린다니 과연 미국 땅이 넓긴 넓구나. 따뜻한 플로리다로 이사하면 지긋지긋한 눈 치우는 일은 없겠구나. 짐 정리해 주러 갈까? 옆에 있으면 달려갈 텐데 너무 멀리도 산다. 머리 아파 하지 마라. 다~ 지나간다. 나는 며칠째 봄맞이 겨울 정리 중이다. 겨울이 싫다가도 봄을 꼭 데리고 오니 싫어할 수가 없네. "새벽은 깊은 밤으로부터 시작된다."라는 존 키츠의 유명한 말처럼 겨울도 봄을 반드시 데리고 오는 순리를 거스를 수는 없지 않겠나. 그러니 순리대로 천천히 쉬어 가며 정리하길 바랄게.

경자에게 2

 벌써 잠들었으려나. 잘 지내리라 믿고, 여기도 요즘은 따뜻한 날씨다. 겨울인지 가을인지 모르겠다. 움직이면 땀나고, 가만있으면 춥고, 추웠다가 더웠다가 변덕이 죽 끓듯 하는구나. 따뜻하다고 얇게 입고 나가면 추워서 오들오들 떨다가 들어오고, 추운 것 같아 두텁게 입고 나가면 땀이 삐질삐질 나는 통에 날씨의 비위를 맞출 수가 없구나. 종잡을 수가 없는 날씨에 연말이 가까워져 오니 하는 일 없이 마음만 바쁘구나. 달력 한 장이 이렇게 헤프게 가다니 이제 마지막 남은 한 장을 어떻게 붙잡을지 고민해 봐야겠다. 버듯께 안부 전하고 잘 자라.

 올해의 마지막 날이다. 남편과 나는 김치찌개로 점심 먹고 나서 소파에 기대어 커피 한잔하고 있다. 창밖에 흔들리는 나무들을 보며 같이 또 따로인 듯 서로의 일에 집중하고 있어. 문득 네 생각이 나서 카톡을 보내고 있다. 거긴 자고 나면 마지막 날이고 여긴 자고 나면 새해가 온다. 달아나는 헌 해는 가지 말라고 붙들어도 기어이 이 밤에 떠난다니 미련 없이 보내줘야겠지? 천천히 가라 말려도 속력을 얼마나 내는지 가는 세월에 내 청춘이 어지럽다. 춥다고 이불 뒤집어쓰고 할머니처럼 누워 있으니 놀라서 더 빨리 가나 보다. 일어나서 예쁘게 단장하고 남편이랑 손잡고 동네 마실이나 다녀와야겠다. 새해에는 너의 가정도 평안하기를 바랄게. 잘 자라 내 친구.

깡깡

 배가 들어온다. 몇 달 전에 운항을 시작한 영도 깡깡이 유람선이다. 영도다리 개통 이전에 오가던 깡깡이 도선과 형태가 유사한 통선이란다. 첫 출항 이후 나날이 승객 수가 늘고 있다는 소문을 듣고 친구 몇몇이 의기투합했다.
 머리가 희끗한 노년의 여인들을 태운 배는 정박을 풀고 안내센터를 떠나 바다를 유영하기 시작한다. 유유자적 항해를 즐기는 유람선에 몸을 싣고 출렁이는 바다의 손길에 눈을 지그시 감아본다. 요람을 흔드는 엄마의 손길 같은 파도의 출렁임에 나는 어느새 통영의 바다로 가 있다.
 내 고향 통영에는 조선업을 하는 곳이 몇 군데 있었다. 조선소의 규모는 크지 않았지만, 그곳에서 배를 만들어 바다로 보냈고 위풍당당하게 바다로 나갔던 배가 여기저기 칠이 벗겨져 넝마가 되어 돌아오면 고쳐서 다시 바다에 올려놓았다. 긴 항해를 마친 배가 돌아오면 녹슨 곳을 두드려서 털어내는 깡깡 소리가 마을을 울렸다.

깡깡이는 일거리가 많지 않았던 바닷가 주민들에게는 커다란 수입 수단 중의 하나였다. 배 밑에는 녹만 슬어있는 것이 아니었다. 작은 홍합과 미더덕, 오만디가 주렁주렁 붙어서 크고 작은 섬을 이루고 있었다.

서로 엉겨 붙어서 새끼를 치고 의지하며 살았던 그들을 떼어 밥상에 올리려는 여인들과 한바탕 사투가 벌어졌다. 온 가족이 며칠을 충분히 먹을 수 있는 반찬거리를 보았으니 여인들은 물러설 수 없었을 것이다. 어디에든 기대어 한 생을 꾸려가야 했던 그들의 처지도 애잔하긴 하지만 선체를 상하게 하는 녹 덩어리를 두드려서 긁어내야 하니 어쩔 도리가 없다.

녹을 떼어내려고 두드리는 여인들의 깡깡 소리는 다르게 들렸다. 구령 소리에 맞춘 듯 경쾌한 네 박자, 속풀이라도 하듯이 세차고 빠르게 끊기는 소리, 바다에 지아비를 묻은 여인들이 두드리는 끝이 긴 소리.

어머니의 깡깡이 소리는 언제나 여운을 남겼다. 그리움과 원망이 섞인 애절한 소리였다. 지병을 오래 앓았던 아버지는 어머니의 극진한 간호에도 돌아오지 못할 먼 길을 홀로 떠나셨다. 어머니의 고단한 삶은 그때부터 시작되었다. 오랜 병구완 끝에 이미 가세는 기울었고 어린 자식들과 가장이라는 책임감만 남기고 홀로 떠나버린 남편을 원망하는 마음만 남은 듯했다.

어머니가 삶을 의지하고 기댔던 곳은 바다였다. 집안의 가장이 된 후 어머니가 처음 한 일은 깡깡이였다. 긴 항해를 마치고 돌아온 배는 성한 곳보다 상처 난 곳이 더 많다. 뭍으로 끌어올리면 물속에 감춰진 부분까지 드러나, 바다에 떠 있을 때보다 두 배쯤 더 커 보였다.

움푹 파인 곳과 몸에 들러붙은 잡풀들, 치부를 드러낸 배가 맥을 놓고 스러져 누워있으면 동네 아낙네들이 하얀 수건을 쓰고 코와 입을 가리는 천을 두르고 마치 따개비처럼 다닥다닥 달라붙기 시작했다. 하얀 따개비들은 집채보다 큰 배를 쉬지 않고 두드렸다.

엄마가 일을 나가시면 나는 엄마가 보이지 않을 때까지 서 있었다. 일을 마치고 집으로 돌아올 때까지 무시로 뱃길을 바라보곤 했다. 간혹 긴 항해 끝에 뭍으로 올라오는 배를 보면 돌아가신 아버지도 우리 앞에 다시 오시면 얼마나 좋을까, 바다를 보며 하염없이 기다리기도 했던 어린 시절이었다.

녹슨 가루를 둘러써서 누렇게 변해버린 수건을 털어내며 집으로 들어서는 엄마를 기다리다 지쳐 잠들었을 때, 비릿한 갯내에 눈을 뜨곤 했다. 엄마의 손에는 식구들 입에 들어갈 홍합과 미더덕들이 들려있었다. 엄마를 안으면 쇳가루가 들어가 빨갛게 충혈되어서 눈물을 흘려보내야 한다며 나를 보며 웃는 듯 울었다. 그럴 때면 나도 따라 눈물이 났다.

진수식 또한 잊지 못할 볼거리였다. 배를 만들어서 처음 바다에 띄울 때, 만선과 풍랑으로부터 안전을 기원하는 '진수식(進水式)'을 한다. 바다가 삶터였던 동네에서는 제일 큰 잔치였다. 오색 천을 두른 배는 만국기를 펄럭이며 곧 출항할 태세로 바다에 서 있었다.

배 아래에서는 동네 사람들이 찹쌀떡을 던지기만 기다렸다. 이른 새벽부터 여인들은 찹쌀떡을 쪄서 떡 안에 돈이나 작은 금반지를 넣었다. 진수식이 끝나갈 무렵, 배 위에서 찹쌀떡을 사람들에게 던져주면 서로 앞다투어 받으려고 했다.

떡을 썰어보면 아무것도 없는 빈 것도 있고 돈까지 썰었다면서 웃는 이도 있고, 금반지가 나온 사람은 신이 나서 덩실덩실 춤을 추기도 했다. 먹고살기에 급급했던 시절에 금반지 한 돈이니 행운이 아닐 수 없었다.

바다에는 달포가 넘게 정성 어린 깡깡이를 받으며 치료를 끝낸 배들이 나란히 서 있었다. 알록달록 화장하고 새 옷으로 갈아입고 한결 가벼워진 몸으로 바다로 떠날 생각에 몸을 들썩거렸다. 하얀 연기를 뿜어내며 감사의 인사라도 하는 듯이 부우 부우— 뱃고동 소리를 내며 물 위로 미끄러지듯이 내려갔다. 사람들도 함성을 지르며 화답했다. 거대한 쇳덩이가 어떻게 가라앉지 않고 떠다니는지 신기할 뿐이었다.

지금은 대기업 조선소에서 건장한 남정네들이 안전모와 안경, 마스크 등 보호 장구를 착용하고 연마기(鍊磨機)로 갈아서 녹을 털어내는 작업을 한다. 눈을 감고 있어도 떠오르는 추억이 많은 바다.

지친 몸을 여인들의 손에 맡기고 널브러져 누워있던 커다란 배는 우리들의 놀이터였고, 마을 사람들의 생업이기도 했고 하소연할 곳 없는 여인들이 소리 내어 울며 속을 풀어내는 한풀이 대상이기도 했다. 삭이느라 까맣게 녹이 슬어버린 가슴을 풀어놓고 아픔을 털어내는 엄마의 깡깡이 소리가 아직도 귀에 생생하게 들리는듯하다.

지금은 옛날 그 바다의 모습은 어디에도 찾을 수 없다. 깡깡이로 한을 풀었던 엄마와 여인들은 이미 오래전에 그리워하던 이를 따라 먼 길을 떠났고, 바다의 모든 일을 묵묵히 지켜보던 등대만이 방파제 끝에 우두커니 서 있을 뿐이다.

시원한 바닷바람에 날리는 머리카락을 쓸어 올리며 기억을 더듬고 있을 때 친구들의 웃음소리가 들려 눈을 떠보니 깡깡이 마을이 눈에 쏘옥 안긴다. 바다에 기대어 사는 깡깡이 마을 여인들의 삶도 엄마의 삶과 크게 다르지 않을 것이다. 바람결에 전해지는 저들의 애환에 가슴이 저릿해진다.

유람선에 앉아 영도를 한 바퀴 돌아오는 동안 고향에 다녀온 듯 속이 후련해진다. 오늘은 홍합과 미더덕으로 된장찌개를 끓여야겠다. 미더덕의 향으로 고향의 맛을 느껴보자. 보글 보글 된장이 끓으면 엄마의 향도, 고향의 뱃고동 소리도 집 안 가득 들어차겠다. 네 박자로 울리던 신나는 깡깡 소리와 함께.

슬하(膝下)

 겨울 방학 특강이 있어 학교로 향했다. 기해년 섣달그믐날이어서 모두가 Happy new year, 덕담을 주고받을 때 강의실에 도착했다. 수업 시간에 늦지 말라던 문자를 몇 번이나 받은 터라 일찌감치 집을 나섰으나 강의실을 찾지 못해 늦고 말았다. 겨우 시작 시각에 맞추어 도착하였지만 아뿔싸 출입문이 앞에 있어서 백여 개의 눈망울이 모두 나에게 쏠렸다. 서둘러 빈자리를 찾아 앉았다.
 늦깎이 수필 공부에 뛰어들어 지금까지 마음에 품은 생각을 제대로 표현할 작품 한 편 쓰지 못한 것 같아 늘 글 앞에서 작아지는 풋내기 작가이다. 수필의 정도를 찾아 헤매는 초보 작가이기도 하다. 수필에 입문하고 P 대학교 평생교육원 수필 아카데미에 등록하여 몇 년째 수업을 듣고 있다.
 수업을 듣고 공부할수록 어려운 게 글쓰기다. 작품을 합평하고 새로운 정보를 가르쳐 주는 교수님의 강의는 언제나 깨를 볶는 맛이다. 현실감 있는 예시를 들어 작품을 합평할 때는 고개를 끄덕이며 나도 저렇게 해봐야지, 마음먹지만 뒤돌아서 집에 돌아와 책상에 앉으면 그 느낌을 살리지 못하고 금세 잊어버리고 만다. 교수님의 기발한 설명에 감탄하며 웃다 보면 어느새 수업이 끝나간다. 책을 덮고 가방을 챙겨 자리에서 일어서면 깡그리 잊어버리는 나이라고들 말하니 나도 그러려니 하고 만다. 작품마다 작가의 삶을 들여다본 것처럼 강의하시니 저절로 공감대가 생겨서 글은 잘 못 써도 꼬박꼬박 출석만큼은 빠뜨릴 수 없다. 수업 시간만이라도 재미있게 들으면 그것으로 만족한다.

낙타의 무릎에 대하여 교수님의 강의가 시작되었다. 굴복과 굴신, 낙타의 꿇은 무릎은 굴복이 아닌 굴신이었다. 등에 사람을 태우기 위하여 자신의 몸을 낮추고, 또는 짐을 싣기 위하여 스스로 무릎을 꿇어 자신을 기꺼이 낮추는 낙타의 삶에 대해 새로운 시각으로 본 그날의 수업은 명강의였다. 이전에는 낙타를 사막에 사는 동물로만 생각했다. 등에 지방을 저장하여 사막을 견디는 동물로만 여기고 있었다. 문학적으로 접근하여 본 낙타는 새삼 다르게 느껴졌다.

사찰에 가면 무릎 꿇고 절을 한다. 무릎을 꿇는다는 것은 자신을 꺾는다는 것이다. 몸을 낮추고 엎드려 절을 하는 행위는 자신을 버리고 진리를 따르겠다는 마음의 상징이다. 신도들은 늘 하심(下心)을 부르짖는다. 욕심 가득한 마음을 내려놓고 마음을 비운다는 표현을 한다. 나를 낮추고 마음을 비워야 하지만 어느새 소원을 빌고 있는 자신을 발견한다.

보살들의 기도는 얼마나 간절한가. 자식이 어려서는 건강하게 자라기만 하면 좋겠다 기도하다가 입시 때가 되면 어느 대학 합격만 시켜주면 소원이 없겠다며 또 무릎을 꿇는다. 가정의 행복을 위하고 자식들의 성공을 위하여 또 손주들의 안위를 염려하며 대를 이어 낙타처럼 무릎을 꿇는다. 간절함이 더해지면 오체투지(五體投地)의 마음으로 온몸을 납작 엎드려 절을 한다. 자신의 욕심을 소원하는 게 아니라 자녀들의 안녕을 위한 보살들의 마음은 절절한 사랑의 발로이니 어찌 나무라겠는가마는.

나 역시 자식들의 성장에 따라 무수히 무릎을 꿇었다. 백팔배 삼천배는 예사로 알았다. 하지만 이제는 나의 무릎은 꿇을 수가 없다. 평생을 꿇어도 괜찮은 낙타처럼 튼튼한 무릎이었으면 얼마나 좋을까. 네 살 무렵부터 소아 관절염을 앓았다. 그 연유인지 일찍부터 무릎이 좋지 않았다. 무릎이 성했더라면 부지런히 부처님 앞에 무릎을 꿇었을 거다.

수업 중 들은 말은 또 있다. 늘 서 있는 나무는 관절이 없다고 한다. 관절이 없다는 건 어떤 면에서 이로울지 모르나 나무는 휠 수 있으니 그것 또한 장점이 아닐까 싶다. 나무처럼 휘지도 낙타처럼 굽힐 수도 없는 무릎을 보며 낙타의 양쪽 무릎의 혹이 고난의 상처라고 강의하시던 교수님 말씀이 새삼 떠오른다. 나의 무릎을 보면 긴 지네가 붙어있는 것 같은 흉터가 있다. 지금까지 나의 삶을 잘 지탱해 온 고난의 훈장이 아닌가. 상처 덕분에 미니스커트는 고사하고 반바지를 입지 못해도 전혀 밉지 않다.

무릎이 구부러지지 않는 것쯤이야 무슨 대수랴. 무릎이 굽어지지 않으면 허리를 굽히면 되고 고개를 숙여 마음을 내려놓고 살면 되지 않을까 싶다. 하긴 몸이 뻣뻣한 것보다 마음이 구부러지지 않는 게 더 큰일이다. 겸손과 배려가 없는 사람은 마음의 관절에 이상이 있는 것이란다. 마음이 빳빳한 사람은 부러지기 쉽다는 말도 있으니 새겨들어 둘 말이다. 크게 공감하는 말이다.

요즘도 자주 절에 간다. 무릎이 성치 않으니 선 채로 기도한다. 기도하는 이들을 서서 보기도 하는데 간절한 마음이 나에게까지 전해진다. 부모는 자식을 위해 무릎이 닳도록 엎드린다. 낙타의 무릎처럼 혹 대신 상처가 나고 관절이 다 망가질 정도로 엎드려 기도한다. 나의 부모는 나를 위하여 고생하였고 나는 내 자식을 위하여 또 허리를 숙인다. 내 자식은 또 그 자식을 위하여 숙일 것이다. 내리사랑의 힘으로.

그런데 부모님의 은혜를 알면서도 정작 부모를 위하여 효도를 다 하지 못했다. 기껏해야 병든 뒤에 찾아뵙는 정도였다. 그러고도 효도라 할 수 있을까. 지난 시간을 돌이켜 보면 후회뿐이다. 슬하, 무릎 아래를 말한다. 부모의 슬하에서 자라는 자식들은 안전하다. 자녀가 몇인지 궁금할 때는 슬하에 자녀가 몇 명이나 되냐고 묻지 않는가.

  낙타처럼 묵묵히 무릎 꿇고 기꺼이 등을 내어주는 부모들은 시대를 초월하여 흔히 볼 수 있다. 오늘도 명강의 내용을 낙타의 등 안에 저장해 둔 양식처럼 내 마음속에도 저장해 두고 달려보자. "선생님은 슬하에 자녀가 어떻게 되십니까?" 나는 낙타의 무릎을 떠올리며 인사를 건넨다.

프로파일러

 세상이 예사롭지 않다. 연일 방송에서 흉흉한 소식을 실어 나른다. 입에 담기 어려울 정도로 무서운 강력 범죄들이 날로 늘어만 간다. 예전에는 이 정도로 강력한 사건들은 많지 않았는데 요즘은 아무런 관련이 없는 사람에게도 스스럼없이 해를 가하니 무서워서 거리를 지나다니기 어려울 지경이다.
 가끔 조카의 얼굴이 TV에 스치듯이 지나간다. 사건 현장 감식에 수사를 나간 표정에서 그 아이의 마음을 읽으려 노력한다. 방송에서는 범행 방법까지 소상히 보도하고 있다. 범죄를 분석하는 것도 좋지만 마치 배우라고 가르쳐 주는 것 같아서 내심 불편하다.
 〈악의 마음을 읽는 자들〉의 원작자, 우리나라 1호 범죄심리분석관 프로파일러 권일용이 나의 조카다. 이름 앞에 수식어가 날로 늘어가는 걸 지켜보는 마음이 여간 흐뭇하지 않다. 어릴 때부터 보아온 조카는 온순하고 부드러운 성격이었다. 그런 아이가 경찰이 되었다는 소식을 들었다. 그것도 강력반에서 일하다가 범죄심리분석관이 되었다는 소식을 듣고 자라는 모습을 지켜본 친척들은 모두 신기하다고 말했다.

조카가 어릴 때 일이다. 오빠 부부가 조카와 함께 부산에 다니러 왔었다. 무슨 일이었는지 모르겠으나 둘이 영도다리를 걸은 적이 있다. 영도다리를 걸어서 집으로 갈 때 "고모, 달이 나를 따라와. 내가 서면 달이 서고, 내가 가면 달이 따라온다?" 하며 고개를 갸우뚱했다. 귀엽고 순수한 조카의 말이 오랫동안 기억에 남아있다. 어릴 때부터 감수성이 풍부하여 감성 짙은 말을 하곤 해서 가족들을 미소 짓게 하던 아이였다. 영도 밤하늘에 떠오른 달을 보며 그 까닭을 궁금해하던 때가 엊그제 같은데 어느새 머리가 희끗희끗한 중년이 되어 있다.

수많은 연쇄살인 사건들의 현장을 다녔고 범인들을 만나서 자백을 받아내었다. 범인의 집에 갔을 때 조카의 사진을 붙여놓은 범인도 있더라며 웃었다. 지나간 이야기라며 쉽게 말을 하는 것 같지만 사건 현장의 모습에 트라우마가 생겨 힘들어할 때도 있었다. 그동안 보아온 조카의 모습보다 TV에서 더 자주 보니 그동안 몰랐던 이야기도 듣게 되어 좋았다. 조카가 보고 싶거나 시간이 날 때마다 마음껏 보니 오히려 좋다.

1991년 영화 〈양들의 침묵〉을 봤다. 그때는 무슨 내용인지 이해되지 않았고 지루하기만 한 내용에 흥미를 잃고 졸음에 시달리다가 영화관을 나왔다. 최근에 다시 보니 연쇄살인범을 잡기 위한 범인과 인터뷰하는 내용이었다. 조카를 통해 프로파일러에 대해 알고 나서 그런지, 조카의 일이라는 생각에 감정이입이 되어서 그런지, 이해하기가 더 쉬웠다. 조카도 수많은 연쇄살인범과의 인터뷰로 범행 자백을 받아냈을 것이다.

언젠가 부산에 일이 있어 조카가 잠시 내려왔을 때 일하는 곳에서 가까운 거리에 있는 고모 얼굴 한번 보고 가겠다고 집에 들른 적이 있었다. 일을 마치고 온 아이의 지친 얼굴이 안쓰러워서 샤워하는 동안 식사를 준비해서 집밥을 먹여서 보냈다. 일주일 동안 제대로 씻지도 먹지도 못하다가 고모 집이라고 들러 편하게 씻고 고향의 손맛으로 차려낸 음식을 개운하고 맛있게 먹었다며 인사하고 갔다.

대한민국의 제1호 프로파일러의 책임감으로 열심히 살다가 명예퇴직하여 교단에 서서 후배를 양성하며 전국 곳곳으로 강연을 다니며 어느 때보다 더 바쁘게 생활하고 있다. 언제부턴가 TV를 틀면 여기저기 방송에 출연하고 있는 모습을 본다. 현직에 있을 때보다 얼굴이 맑고 편안해 보여서 그런지 안도의 한숨이 절로 난다. 조카를 아는 지인들도 요즘 얼굴이 보기 좋다며 한마디씩 거든다. 아마 힘한 현장에서 벗어나서 그렇지 싶다.

어떤 계기로 프로파일러가 되었는지 궁금했으나 물어볼 기회가 없었다. 어느 날 TV를 보다가 그 이유를 알게 되었다. 그 아이의 성격을 제대로 파악한 선배가 범죄심리분석관으로 가는 방향을 잡아주었다고 드라마에서 보여주고 있다. 프로파일러가 천인공노한 연쇄살인마와의 면담 장면을 배우가 제대로 연기해 주고 있었다. 강압과 억압이 아닌 상대와의 라포를 형성하여 인간적인 공감이 이루어지는 분위기의 면담이었다. 범죄의 이면에는 누구에게나 있는 평범한 사람으로서의 인간적인 감정이 있다는 데서부터 출발하는 모양이었다.

퇴직 후 조금 더 편해졌으면 좋으련만 이제는 이전보다 유명인이 되어 행동도 언행도 마음대로 할 수 없을 것이다. 알아보는 사람이 많을수록 사소한 행동도 주목을 받고 신경 쓸 일도 한두 가지 아니지 싶다. 여러 사람 신경 쓰다 보면 행동 반경이 좁아질 텐데, 자꾸만 마음이 쓰인다. 어쩌다 가족 모임이 있어 식당에라도 가면 사람들이 알아볼 때는 괜스레 내가 어깨 으쓱해진다. 유명한 조카의 고모라는 사실이 어색하면서도 은근히 뿌듯하다. 유명세를 겪지나 않나 염려스러우면서도 내 조카라고 자랑하고 싶은 고모의 두 마음을 어쩌겠는가.

조카의 반듯한 모습을 볼 때면 오빠가 생각난다. 오빠는 1남 3녀 중 외아들이다. 2대 독자라는 마음의 무게를 지고 자랐다. 의지할 형제 없이 외아들로 살며 종종 푸념하곤 했다.

"네가 남자로 태어났으면 얼마나 좋았을까?" 하고 막내인 내게 말하곤 했다. 오빠는 결혼하여 딸 둘 아들 둘을 키우며 얼마나 좋았을까. 본래 말 없는 분이라 표현은 하지 않았지만, 자식들 자랑은 가끔 내겐 들려주었다. 이젠 저 높은 곳에서 자식들을 보고 흐뭇해하시리라 믿는다.

조카는 4남매 맏이로 태어나 책임감이 무겁기도 할 테지만 지금까지 형제간에 큰소리 한번 나지 않고 의좋게 지내는 모습이 내심 안심이다. 옆에서 보기에도 좋다. 앞으로도 조카가 중심이 되어 형제들과 쭉 행복한 삶을 살아가길 바라는 마음이다.

자신의 주검까지도 기증하는 선행을 보이고 떠난 아버지를 보며 자란 아이들이니까 앞으로 잘 살아갈 거라 믿는다. 조카는 아버지가 생각나면 술 한잔하고 전화를 해서 "고모 저 위에서 ○○○ 씨가 어쩌더라."라며 아버지의 이름을 부르며 아버지에 대한 그리움을 농담처럼 흘리곤 했다.

저렇게 유순한 성격에 험한 장면들을 보고 흉악범들의 심리를 풀어내는 생활이 버겁지는 않았는지. 이제 그 생활에서 벗어나 밝고 쾌활한 모습으로 지내는 것을 보니 안심이 된다. 우리의 DNA는 유머와 재치가 있으니 크게 걱정하지 않는다. 조카와 고모가 닮았다는 사람들이 하는 소리도 듣기 좋으니 나는 조카 팔불출이 아닌가 싶다.

숲속 음악회

바람이 불어온다. 바람의 지휘봉에 맞춰 음의 높낮이를 조율하듯 나뭇잎들이 일제히 몸을 일으킨다. 우리 집 앞뜰에는 매년 열리는 여름 음악회 준비가 한창이다. 나무들 사이를 비집고 내려온 해님은 화려한 조명 담당이 되고 턱시도를 차려입은 매미 악사들은 수십 년 연륜의 벚나무 등걸 무대에서 시위를 당겨 찌르릉찌르릉 소리를 퉁긴다.

목청을 가다듬은 매미는 입추가 지나면 교향곡을 연주한다. 짧은 생애에 재빨리 짝을 만나야 한다. 7년을 기다린 사랑을 나누고 또 다음을 약속할 수 있기 때문이다. 매미의 일생을 살펴보니 매미는 유충이 7년간 땅속에서 나무의 수액을 먹고 자라다가 지상으로 올라와 성충이 되는 특이한 생태다. 번데기 과정이 없이 탈피를 거쳐 성충이 된 후에도 나무의 줄기에서 수액을 먹는다.

유폐에 가까운 긴 유충의 시간에 비해 성충의 기간은 야속하리만치 짧다. 십여 일 정도 살다가 생을 마친다고 한다. 짧고 굵은 매미의 삶을 선비들은 군자의 다섯 가지 덕을 겸비한 것으로 여겼단다.

　매미의 곧게 뻗은 입이 갓끈과 같아서 학문에 뜻을 둔 선비와 같고, 사람이 힘들게 지은 곡식을 헤치지 않으니 염치가 있으며, 집을 짓지 않으니 욕심 없이 검소하고, 죽을 때를 알고 스스로 지키니 신의가 있고, 깨끗한 이슬과 수액만 먹고사니 청렴하다는 것이다.

　그뿐인가. 매미의 본성을 높이 산 예가 또 있다. 조선 시대 때 임금이 정사를 볼 때 머리에 쓰던 익선관(翼蟬冠)은 매미의 날개를 본뜬 것으로 매미의 다섯 가지 덕목을 생각하며 백성을 다스리고자 하는 의지가 담겨 있다고 한다. 매미의 다섯 가지 덕을 들은 후부터 소음으로 들리던 매미의 울음소리가 아름다운 화음으로 들리기 시작했다.

　숲속의 하루는 몹시 바쁘다. 까치와 까마귀는 음악회를 알리는 담당인지 큰 소리로 관객을 부른다. 아무런 생각 없이 거리를 걷던 이들은 갑작스러운 초청에 화들짝 놀란다. 참새와 이름 모를 새들은 코러스 준비에 바쁘다. 나비들은 음악 소리에 맞추어 춤을 추고, 옆에 있는 블루베리는 새들의 간식거리다. 이 얼마나 평화로움인가. 소음으로 들리던 소리가 어느 날부턴가 훌륭한 연주회로 들리다니.

　코로나19로 바깥 활동을 줄이며 살아온 지 여러 달째다.

이 시간쯤이면 자연스레 베란다 창을 보며 귀를 쫑긋한 채 관람석에 앉는다. 오늘도 베란다 창까지 나뭇가지를 드리운 벚나무의 반짝임이 한창이다. 또다시 어김없이 숲속 음악회가 시작되었다. 얼마 주어지지 않은 짧은 생을 안타까워함인지, 천생연분 맺을 짝을 찾는 구애의 세레나데인지 오늘따라 여느 때와 달리 더욱 처절한 가락이 귓속을 파고든다.

코로나19가 아니어도 어차피 비대면 연주회지만 올해는 더 자주 참석하고 있다. 나무숲이 우거진 앞뜰에 눈만 뜨면 들어야 하는 소리가 시끄러울 때는 오덕(五德)을 떠올리지만 여간 성가시지 않았다. 어디 그뿐이랴, 밤에는 귀뚜라미들의 연주 소리에 잠을 설치는 일이 한두 번이 아니다.

온갖 새들과 곤충들이 세상천지를 관중 삼아 작은 몸뚱어리로 목숨을 걸고 제각각 연주한다. 독창으로 시작을 알리면 둘 셋 중창으로, 일제히 기립한 합창이 이어지다 만물이 노래하는 떼창까지 이어져야 연주회는 끝이 난다.

몇 번의 태풍이 지나고 선들바람이 부니 찌는 듯한 여름도 매미의 울음소리도 시나브로 잦아들었다. 만물이 오색을 더하는 풍요로운 결실의 계절, 너도나도 가을을 맞을 준비로 분주하다. 세상을 울리던 악단도 슬그머니 천막을 걷고 짐을 챙겨 어디론가 떠나버린 모양이다. 사방이 적막하니 한여름 세상을 울리던 그 소리가 그립다.

몇 년 전 절에서 큰스님 법문 시간에 유난히 매미의 울음소리가 크게 들리니 큰스님께서 "오늘 법문은 저 매미가 다 했다." 하셨다. 그 깊은 뜻을 아는지 모르는지 모두 "하하하!" 하고 웃었다.

　온 세상이 코로나19 때문에 우울해할 때 집에 있으니 답답하다는 지인들의 소리를 들으니 나는 참으로 좋은 것을 보고 있구나 싶었다. 마스크를 쓰니 숨쉬기도 힘들 때 모든 활동을 중단하고 새들과 벗하고, 매미의 울음소리 들으며 암울한 시기를 잘 보냈다. 연례행사인 숲속 음악회가 태풍의 심술 때문에 끝이 나기 전까지는 말이다.

　시끄럽게만 생각했던 매미 소리가 기다려지는 것은 또 무슨 변덕인지 모르겠다. 7년을 땅속에서 자라는 매미의 성장을 생각하며 잠시도 참지 못하는 사람들에게 인내를 가르쳐주는 것 같다. 오덕(五德)이 아니고 육덕(六德)이 아닌가. 가끔 들려오는 귀뚜라미 '또르르' 하는 소리에 오늘 하루도 잘 지나갔다 안도하고 잠을 청해본다.

낙엽은 지고 있는데

 날씨가 사람을 삶아 버릴 것 같다는 말이 이런 걸까. 그동안 겪어보지 못했던 더위에 한숨 섞인 푸념이 절로 난다. 처서가 지나가고 거리의 나뭇잎은 하나둘 색을 바꾸기 시작하는데, 불볕더위가 한풀 꺾여 수그러질 때도 되었는데, 하루에 몇 번씩 쏟아지는 땀이 전신을 흠뻑 적시곤 한다. 참으로 오늘이 제일 시원한 여름이라더니 그 말이 맞지 싶다. 앞으로의 여름은 매년 기온이 더 상승할 거란 예측이다.

 기후변화로 지구온난화가 심해지고 있다는 말이 실감 나는 나날이다. 아침에 일어나 바라본 뜰 앞의 나뭇잎이 바람에 떨어지는 걸 보면 이제 가을이 오나 보다 싶다가도 서서히 데워지는 기온이 한낮까지 올라 연일 섭씨 30도가 웃돌고 있다. 이렇게 더위에 데고 나면 겨울 한파에도 춥다 소리 안 나올 것 같은데 기후 앞에 약한 것이 사람이라 조금만 추워도 온몸 싸매고 다니며 여름 더위를 그리워하겠지. 사람 마음이 이렇게 간사하다는 걸 모르는 바 아니다.

사람의 인생살이도 사계절의 변화와 크게 다르지 않아 뭇 작가들이 계절에 비유한 글들을 쏟아내곤 한다. 문득 나는 지금 어느 계절에 와 있을까 궁금하다. 만물을 싹 틔우고 꽃을 피워내는 춘삼월 봄날은 이미 지나갔고, 싹 틔운 것들을 튼실하게 키우는 여름과 풍성하게 살찌우고 단단하게 여무는 가을도 훌쩍 가버렸다.

인정하고 싶지 않은 마음에 미적거리며 나온 대답이 겨울이다. 예전 같지 않은 건강을 돌아보면 삶의 종착점이 머지않은 것 같고 숫자로 본 내 나이도 뒷자리에 더 가까우니 가야 할 길의 끝이 저만치 보인다. 젊어서 수확한 것들을 보며 하루하루 소일하는 나의 계절은 겨울이 틀림없다.

나는 지금 겨울 앞에 서 있다. 계절은 다음 봄을 약속할 수 있는 순환 구조이지만, 인생은 다음 봄이 오지 않는 비순환 구조이다. 새싹일 때, 꽃봉오리일 때, 활력이 넘치는 여름일 때, 어떻게 살아왔는지 모르게 세월은 빨리 가고 말았다. 나뭇잎은 하나둘 떨어지고 있는데 아무것도 이루어 놓은 것이 없다는 자괴감이 앞선다.

집 앞에 있는 늙은 벚나무는 내년 봄에는 다시 탐스러운 꽃송이들을 세상에 내놓겠지만 나에게는 남은 봄은 다시 오지 않을 것만 같다. 저 벚나무도 나처럼 생각이 많으려나. 나뭇가지에 남은 나뭇잎을 떨구고 겨울을 지나 새순을 돋우려는 기대로 찬 겨울을 견디려나. 봄을 기다리는 나무와 달리 이미 꽤 나이 들어 버린 나는 봄이 오면 뭐 하노? 늙고 비뚤어진 생각에 종종 사로잡힌다. 나무는 예쁜 꽃을 피우지만 시들어져 가는 얼굴에 검버섯 꽃을 피우고 있으니 하루하루가 서글프다.

　나는 목표 지향적인 사람이 아닌 터라 그날의 행복을 소중하게 여기며 살아온 듯하나 돌아보니 많은 것을 내일로 미루고 살아왔더라. 내일이면 나아지려나, 내일은 좀 달라지겠지, 모든 것을 내일로 미루고 앞만 보고 살아왔다. 하지만 세월에 떠밀려 달려오다 보니 내일은 없더라. 힘이 들 때면 모든 것을 내일이면 어찌어찌 되겠지 하고 견뎠지만, 막상 자고 나면 또 다른 오늘이 기다리고 있고, 나는 또 다른 내일을 약속하고 있다. 그러다 보니 오지 않을 것만 같던 남의 일로만 여겼던 숫자의 나이에 이르고 말았다.

　지금은 매일 아침에 눈을 뜨면 감사하고 별일 없이 잠자리에 들면 또 감사하고 움직일 수 있음에 감사하며 살아간다. 젊을 때는 이 소소한 일이 얼마나 소중한지 그 고마움도 모르고 달려왔다. 무엇을 향하여 이렇게 달려왔을까 생각해 보니 나 자신은 뒤로한 채 자식들의 성장과 남편의 뒷바라지 일념으로 매달렸던 것 같다. 다행히 뒤늦게나마 작가들 틈에 끼어 창작 활동을 해오고 있으니 억울한 마음이 다소 가신다. 오롯이 나만의 시간을 내어 컴퓨터 앞에 앉아 한 줄 글이라도 쓰고 있다는 사실이 문득 감사할 따름이다.

지난봄의 일이다. 자의 반 타의 반 주변의 분위기에 휩쓸려 부산문화재단에 창작지원금을 신청했다. 쟁쟁한 문인들도 두 번 세 번 신청한다는 말을 들었던 터라 별반 기대하지는 않았지만 내심 기다리던 소식을 들었다. 덜컥 선정되었다. 학교 단체대화방에서 회원들의 축하 메시지 들이 '카톡, 카톡' 하고 날아왔다. 더럭 겁이 났다. 준비도 없이 겁도 없이 신청했다가 막상 선정되었다고 축하 인사를 받으니 뛸 듯이 기뻤다.

모두의 축하 속에서도 남편은 별로 달갑지 않은 표정이었다. 누구보다 남편의 축하와 격려를 기대했는데 의외였다. 신중하고 표현을 잘 하지 않는 성격 탓에 아마 실수라도 하지 않을까 걱정이 앞선 때문이라 여긴다. 아이들은 볼 때마다 언제 그렇게 글을 써두었냐며 신기하다는 듯 적극적으로 응원을 하고 있다. 소식을 듣고 나서 뽑아주신 분들에게 누가 되지 않고 한 권의 책으로 나왔을 때 마음 상하는 이 없고 작은 실수라도 하지 않도록 차근차근 준비하고 있다.

비록 남들처럼 이름을 내세우거나 부를 축적하여 화려한 봄날은 없을지라도 작가로서 내 이름 세 글자 흔적이라도 남기고 갈 수 있음에 감사할 뿐이다. 열정적인 강의로 지도해주신 박양근 지도교수님과 항상 격려와 응원으로 도와주시는 정문숙 선생님께 보답하는 길은 그간의 이야기를 글로 옮기는 것이다. 초보자를 등단시켜서 이렇게 책을 낼 수 있게 지도해 주신 분들 덕분이다. 볼품없는 할머니로 낙엽처럼 사라질 인생을 아름답게 늙어갈 수 있게 끌어주심에 진심으로 감사할 뿐이다.

  수필 공부한다고 가방 메고 다닐 때는 할머니가 아니다. 내 인생에서 가장 즐거운 시절이었다. 글에 대한 갈망에 배고픔도 잊고 배움에 목말라 있다가도 합평과 강의 시간에는 오아시스를 만난 듯이 갈증을 해소하기도 했다. 지금은 몸이 따라주지 않아 수강 신청을 하지 못한다. 우두커니 집에 있을 때면 혼자 뒤처지는 것 같아 안타까운 마음뿐이다.

  나뭇잎은 떨어지고 겨울은 다가오고 있는데, 갈 길이 멀어 마음이 바쁘다. 오늘도 새벽부터 일어나 탈고 준비에 여념이 없다. 마치 인생의 마지막 정리를 하는 것 같아 숙연해지기도 하고 어느새 이 나이에 이르렀나 서글퍼지기도 하지만 뒤늦은 나이에 열매를 맺는 보람이 더 크니 더 열심을 내어본다. 창밖에는 어느새 낙엽이 지고 있는데.

묵찌빠

묵, 찌, 빠, 학창시절에 쉬는 시간이면 어김없이 창가에 모여서 친구들과 하던 놀이다. 모든 놀이를 할 때는 우선 묵찌빠로 순서부터 정하였다. 뭐가 그렇게 재미있었는지 교실이 떠나가도록 웃으며 놀았다. 달리 다른 놀이도 없던 여고 시절 우리는 날마다 싫증도 안 났는지 그렇게 재미있게 놀았다. 꿈 많던 여고 시절, 낙엽 뒹구는 것만 봐도 감성에 젖기도 하던 소녀들은 등교해서 마치고 집에 갈 때까지 하루도 쉴 새 없이 재잘대며 떠들었다.

어느새 바람처럼 휙 지나가 버린 세월, 언제 그런 시절이 있었던가 싶게 어느덧 머리에는 눈꽃이 피어 자식 자랑을 넘어 손주 자랑을 하기 바쁜 할머니들이 되었다. 얼마 전에 미국에 사는 친구가 한국으로 나들이 왔다. 사회에서 만난 친구들은 오랜만에 만나면 안부 인사 몇 마디 나누고 나면 대화가 끊어지곤 하는데, 어릴 적 친구를 만나면 어느새 어린 시절로 되돌아가 쉴 새 없이 이야기꽃을 피운다.

청소를 잘하던 친구, 노래 실력이 일품이던 친구, 운동에 소질이 있어 체육 시간을 주름잡던 친구, 삐치기를 잘해 늘 다독여 줘야 했던 친구, 잘 웃는 친구, 각자 기억하는 여러 친구를 불러내어 다시 만난 듯 학창시절 이야기를 나누었다. 어느 선생님은 어땠고, 또 어느 선생님은 어떻고, 여러 선생님의 별명을 떠올렸다. 유난히 선생님들의 흉내를 잘 내던 나는 선생님들의 특징을 잡아내면서 친구들에게 웃음을 주었다.

  그 시절 제 방에 침대까지 들여놓고 사는 부잣집 친구의 이야기가 나왔다. 오랜만에 만난 미국 친구는 그 친구가 몹시 부러웠다고 한다. 공주 같은 생활을 하는 그 친구가 부러워서 그 집에 자주 놀러 다녔고, 예쁜 옷을 빌려 입기도 했다며 지금은 연락도 안 되는 친구 이야기를 하고 있다.

  그 친구는 여동생하고 친구처럼 사이좋게 지내 나의 부러움을 샀다. 나는 집안의 막내로 태어나 언니들과 나이 차이가 너무 커서 어렵기만 한데 친구처럼 지내는 그들 자매가 몹시 부러웠다. 농담처럼 어머니는 늦게 진찬이를 낳았다며 웃으셨다. 진찬이는 아마 손이 많이 가고 까다로운 아이를 부르는 말이었던 것 같다. 잔병치레가 잦았던 나를 볼 때마다 측은하여 안타까운 눈빛이었다.

  초등학교 사 학년 때 아버지가 돌아가셨다. 내가 초등학교를 졸업하고 나서 우리 집은 부산으로 이사를 왔다. 2대 독자인 오빠는 군대 갔다가 서울에 정착하여 고학으로 학업을 마쳤다. 엄마와 큰언니의 적은 수입으로 입에 풀칠하기도 어렵던 시절이었다. 그때부터 큰언니는 우리 집 가장이 되었다.

내 고등학교 진학은 언니의 무거운 짐이었다. 언니도 하고 싶었던 것이 많았을 텐데 가족을 위해 싫은 기색 없이 기꺼이 희생하였다. 언니에게는 빚진 게 있는 것 같아 늘 미안한 마음이다. 언니의 희생으로 나는 많은 것을 누리고 산 셈이다. 항상 명랑한 성격 탓에 어려웠던 집안 사정을 아는 친구는 아무도 없었다. 나의 가난을 아는 사람은 선생님 한 분뿐이었다. 여고 삼 년 동안 결석을 한 번도 하지 않았지만, 출석부에는 '등교 정지'라는 도장이 찍혀 있었다. 제때 회비를 내지 못하여 찍힌 도장이다. 언제까지 내지 않으면 제적당한다는 통보를 받아야 겨우 회비를 낼 정도였다. 회비 달라는 말을 못 하고 언니의 눈치만 살피다가 그 도장을 받고 발등에 불이 떨어져야 말을 꺼냈다.

나이 차이 때문인지 언니가 어려웠던 나는 언니에게 고마움과 미안함이 컸어도 마음을 표현하지 못했다. 어렵기만 해서 일상의 말도 잘 하지 못하였다. 이제는 엄마도 엄마 같았던 큰언니도 이미 이 세상에 안 계신다. 나이 차이가 많은 작은언니와도 어려워 말 붙이기가 쉽지 않았던 터라 나이가 꽤 들면서부터 대화하며 지냈을 정도로 언니들은 어려운 어른들이었다.

  한 달 반 정도 한국 생활을 끝내고 미국으로 친구가 돌아갔다. 그 친구 덕분에 한 달 반 동안은 여고생이 되었다. 단발머리에 교복을 입고 방과 후 다니던 분식집 라면은 또 얼마나 맛이 있었는지, 지금은 입에 대지도 않는 단무지를 더 달라고 사정했던 시절이었다. 시골에서 부산으로 유학을 와서 자취하는 친구 집에서 냄비밥에 김치만 있어도 얼마나 맛있게 먹었던지. 십 원 이십 원씩 모아서 뻥튀기 사서 먹던 이런저런 추억 속에서 나이도 잊고 얼마나 웃고 떠들며 즐거웠나. 가슴 깊숙이 숨겨 두었던 가난의 아픔도 이제는 웃으며 이야기할 수 있는 나이가 되었다.

  버스에서, 지하철에서, 어른이나 아이 할 것 없이 스마트폰만 보고 사는 요즘 사람들에겐 어떤 추억이 있을까, 어떤 낭만이 있을까. 옥수숫가루죽 맛을 알긴 할까. 사카린을 탄 술지게미 맛을 알까. 가난했던 시절이 추억이고 낭만이냐고 반문하면, 그래도 우리에겐 그립고 다시 한번 먹어 보고 싶은 추억의 음식이라고 말해주고 싶다. 술지게미를 먹고 술에 취해서 잠들어 버렸던 그때를 생각하면 저절로 웃음이 나온다.

  친구야, 건강하게 살다가 우리 또 만나서 묵, 찌, 빠 하며 다시 한번 웃어보자. 비록 지금은 머리 하얀 할머니가 되었어도 그때의 여고 시절로 돌아가 아이들처럼 그렇게 놀아보자. 우리에게는 낭만이 있고 추억이 있어 얼마나 좋은가. 비록 놀 거리도 없이 묵찌빠만으로도 우리는 얼마나 즐거웠었나, 가난했던 그 시절로 돌아가라면 돌아가고 싶지 않지만 그 추억은 그립다. 힘들었던 지난 시절을 웃으며 이야기할 수 있는 여유가 있는 지금이 좋다. 이번 명절에는 손자들과 묵찌빠를 해볼까 싶다.

처녀 엄마

 오늘은 오래전에 돌아가신 큰엄마의 기일이다. 시월상달에 올해의 마지막 천도재를 지내는 절에 왔다. 소나무 숲이 있고 바람에 대나무가 울고 있는 절에서 나는 큰엄마와 엄마의 천도재 회향을 하고 있다. 마침 큰엄마의 기일과 같은 날 회향을 하여 여간 다행한 일이 아닐 수 없다. 얼굴이 하얗던 큰엄마와 엄마를 위하여 정성을 다하여 부처님 전에 엎드려 절을 하고 있다.

 큰엄마도 엄마도 말이 없다. '부처님 부디 한 많은 두 엄마 극락왕생하게 해 주십시오.' 나는 축원을 한다. 매년 절에서 영가 천도재를 지내면 한 많은 두 엄마는 꼭 빠지지 않고 모신다. 이승에서의 모든 아픔 다 내려놓으시고, 다음 생은 꽃길만 가시라고 두 손 모아 기도한다.

 곱슬머리에다 키는 작고 왜소한 체구지만 이빨이 가지런하고 피부는 하얗다. 갸름한 얼굴에 예쁘장하게 생긴 모습이다. 우리 집에서 조금 떨어진 이웃 마을에 큰엄마가 살았다. 큰엄마는 어두컴컴한 집에서 혼자 살았다. 가끔 그 집으로 심부름 하였던 기억이 난다. 그 집을 병막이라고 불렀다. 그냥 그 동네 이름인 줄로만 알았다. 지금 생각해 보니 지금의 요양원 같은 곳이었다.

왠지 그 어두운 집에서는 귀신이라도 나올 것 같은 싸한 냉기가 돌았었다. "병막에 갔다 오너라." 하면 싫다고 울었던 기억이 난다. 큰엄마는 자손이 귀한 집의 대를 잇지 못한 이유로 아버지와 별거를 하신 것인지, 질병 때문에 혼자 계셨는지 늘 창백한 얼굴이었다.

말 한마디 같이 나눌 사람도 없이 얼마나 외로운 삶을 사셨을까. 어두컴컴한 병막에서 간간이 찾아가는 우리를 보면 환하게 웃으며 반겨주셨으나, 나는 그 어두컴컴한 집이 싫어서 울기만 했다. 언제 돌아가셨는지도 기억이 안 난다. 어느 날부터 보이지 않았고 어린 나는 큰엄마를 까맣게 잊고 살았다.

엄마는 그때부터 큰엄마 제사를 모셨다. 어렸던 나는 누구의 제사인지 몰랐다. 엄마가 돌아가신 뒤에는 오빠가 제사를 모셨으나 오빠가 세상을 뜨신 후에는 조카들은 모시지 않는다. 그때부터 큰엄마의 기일에는 절에서 천도재를 지낸다.

어른들은 큰엄마를 부를 때 '꼬시래이 할매'라고 불렀다. 곱슬머리였다고 붙여진 별명인 것 같다. 집안 친척 큰엄마인 줄만 알았던 큰엄마는 아버지의 첫 번째 부인인 것을 고등학교에 갈 무렵에야 알았다. 이미 아버지도 큰엄마도 이 세상에 계시지 않는데 끝까지 몰랐으면 좋았으련만.

고등학교에 진학하면서 호적등본을 보았다. 엄마의 이름이 없었다. 엄마 이름이 아닌 '김복순'이 나의 엄마 자리를 차지하고 있었다. 엄마 이름이 왜 김복순이냐고 물었다. 엄마는 큰엄마의 이름이라고 말해주었다. 엄마는 호적에도 자리 하나 없는 신세였던 것이다. 주민등록상에는 동거인으로 되어 있었다. 알 수 없는 슬픔이 몰려들어 펑펑 울고 말았다.

아버지와 엄마는 나이 차이가 컸다. 부인이 있는 아버지가 어떻게 엄마와 혼인을 할 수 있었는지 이해가 되지 않았다. 아마 큰엄마가 아이를 못 낳는다는 것을 알고 2대 독자 귀한 아들의 대가 끊어질세라 어른들이 서둘러 새 장가를 보내셨을 것이다. 결혼하고도 호적에 이름도 못 올린 우리 엄마만 불쌍하다는 생각이 들었다.

엄마는 여섯 명의 아이들을 낳았다. 아이를 한 번도 가져본 적 없는 큰엄마는 얼마나 부러웠을까, 엄마 또한 마냥 행복하기만 한 것은 아니었다. 병으로 두 자식을 가슴에 묻고 잘난 남편 때문에 숱한 세월을 가슴앓이하며 살아온 엄마였다.

손끝이 야무진 엄마는 음식뿐 아니라 바느질도 잘하였다. 아버지 옷도 직접 만들어서 빳빳하게 풀을 먹여서 항상 새 옷처럼 입히셨다. 늘 공경하고 떠받들며 현모양처라고 칭송이

자자할 정도였다. 지금 생각해 보면 무엇이 좋아서, 무엇이 예쁘다고, 그렇게 순종하며 사는지 이해되지 않는다.

요즘 같으면 상상도 못 할 일이다. 두 번째 부인이라고 흉이라도 볼까 두려워서 더 잘했을까. 자식들이 흉이라도 잡힐까 봐 걱정되어서 말도 못 하고 살지는 않았을지. 혼인신고도 못 하고 살아온 엄마는 아버지에게 한 번이라도 원망하는 마음을 가져본 적이나 있었을지. 욕심도 없는 바보 같은 엄마라고 생각했다.

아버지가 돌아가신 뒤에 엄마가 이웃 아주머니들과 가끔 술을 마시고 바닷가에 나가서 두 다리를 뻗고 우는 것을 보았다. 어릴 때는 그런 엄마가 싫었다. 술을 만든 사람이 미웠다. 술이 없었으면 우리 엄마가 울지 않을 텐데 술 때문에 우는 줄 알았다. 시간이 지나서 자신을 속이고 결혼한 아버지에 대한 원망의 울음이라는 걸 알게 되었다.

누구에게도 말 못 한 사연 때문인지 엄마는 어두운 바다를 쳐다보며 그렇게 목 놓아 울었을 것이다. 가슴을 가득 채운 한을 그렇게라도 울음으로 토해내야 살 수 있었을 것이다. 그때는 몰랐다. 엄마의 가슴앓이를.

내가 어른이 되어서 같은 여자의 위치에서 생각하니 그때서야 큰엄마와 우리 엄마의 속이 시커멓게 타들어 갔을 거라는 것을 알게 되었다. 엄마도 외가에서는 선도 안 보고 데려

간다는 셋째 딸이었다. 엄마의 결혼 생활을 항상 안타까워하시던 외할머니, 막내딸이 못살아서 그러시는 줄만 알았다. 그런 혼처에 딸을 보내고 편한 잠인들 잘 수 있었을까.

큰엄마도 엄마도 한 많은 세월을 어떻게 살아 냈을까. 아이를 가져본 적이 없는 처녀의 몸인 큰엄마나, 자식을 넷을 낳고도 호적상 미혼인 엄마나 두 분의 처지가 기구하기 짝이 없는 노릇이다. 서로의 가슴에 서로 상처가 된 두 분의 인연의 매듭을 어떻게 풀어드려야 할지 막막했다.

일흔세 살, 자식을 넷이나 두고 한 많은 생을 마감할 때까지 처녀의 신분으로 친정 조카의 호적에 얹혀서 지낸 기나긴 세월을 내려놓고, 엄마는 백여 일이 넘도록 잠든 채 누워계셨다. 이승이 무슨 끈을 놓지 못하셨는지 떠나지도 못하고 눈만 감고 계셨다.

이승에서 잘못 맺어진 인연을 풀고 가고 싶으셨으리라. 큰엄마에 대한 연민의 정도 모르는 바 아니지만, 자신의 아픔보다 더할까. 눈에 넣어도 아프지 않을 자식들을 남의 이름 밑에 올려놓고 떠나는 마음이 어땠을지 헤아려진다. 어느 날 이별을 예견하셨는지 다른 날과 달리 의식 없는 눈에서 눈물이 흘러내렸다. 그 눈물이 마지막 눈물이었다.

내 나이 일흔 즈음 인생의 석양에 서니 장렬하게 뜨는 태양보다 왠지 지는 해의 노을이 더욱 아름답게 느껴진다. 얼굴에는 골이 파인 줄무늬가 늘어나고 기쁨보다 서글픔이 앞서 가려고 한다. 귀뚜라미 소리가 점점 멀어지는 것이 가을이 저만치 앞서가나 보다. 내 마음 편해지자고 기도하고 또 기도한다. 두 분 엄마 모두 인연 업장 소멸하고 극락왕생하시라고.

공동 수돗가

물동이를 들고
달린다
줄지어 있는
공동 수돗가

달리다가 끼~~~익
어디서 들려오는 소리
"더 뛰어라 임마, 더 뛰어"

퇴근길 담임선생님의
하회탈 같은
미소의 응원

부끄러움은
남의 것으로 버리고
고개만 까딱하고 또 달린다

공동 수돗가로

부산역에 서서

해 질 녘 부산역
오는 사람, 가는 사람
보내는 이, 기다리는 이
만남과 이별이 궂은비에 우산도 없다

'부산 유라시아 플랫폼에 오신 걸 환영합니다'
부산에서 유럽으로 대륙 횡단하는 날이 언제 올까
2층 테라스에 오르니 밤인 듯 낮인 듯
화려한 조명 속에 저 멀리 부산항이 반짝인다

학창시절엔 여행의 설렘으로
피붙이가 하늘나라로 이사했다는
부음을 받았을 때도
역사탐방차 왔을 때도 여기에서

첨단의 시설로 차려입은 부산역
기쁨, 슬픔, 설렘, 숱한 사연들
이방인의 노숙도 엄마의 품으로 보듬는
대지를 적시고 마음을 적시는 가랑비 맞으며

2부

경자에게 3

 꿀잠 자라고? 그놈의 꿀잠이 내게는 어려운 숙제다. 늙으니 잠도 없고, 피부가 얇아져서 주름이 더 잘 생긴다. 주름진 걸 한탄하는 게 아니고 꼴 보기 싫어서 하는 소리지, 나이 들어서 주름 생기는 건 당연하지, 다리미로 다릴 수도 없고 이러고 살아야 안 되겠나. 너의 예쁜 새끼들 물은 줬니? 우리 영감도 매일같이 물주고 사랑 주고 땀 흘리고 그러고 산다. 자정이 넘었네. 이제 너 말대로 꿀잠 청해 보련다. 너는 또 맛난 음식 해서 잘 먹어라. 잘 먹어야 여름을 이긴다.

 네가 보낸 유머를 보고 새롭게 다시 한번 웃어본다. 비가 억수로 오다가 나오는 태양이 더 뜨겁다. 나는 오늘도 샘솟듯 흐르는 땀과 싸울 준비를 하고 있다. 보내준 좋은 말들 일일이 옳은 말씀이다. 그런데 요놈의 세 치 혓바닥이 항상 문제다. 아니 혓바닥을 조종하는 마음이 문제가? 아무튼 말이 많으면 실수가 따르는 법, 묵언이 최고인데 잘되지 않네. 잘살고 있지? 여전히 꽃들과 대화하며 지내지? 너는 말실수는 안

하겠다.

  오늘도 얼마나 흙을 만지며 놀았나? 너의 꽃밭은 얼마나 아름다울까. 너의 사랑을 듬뿍 받고 자라서 더욱 좋을 거야. 우리 집은 우리 영감 사랑으로 꽃피우고 있다. 너나 우리 영감이나 참으로 부지런한 사람이다. 그 덕에 내 눈은 즐겁다. 너의 남편도 좋아하지? 오늘도 수고한 너에게 휴식을 줘라. 나는 또 하루를 즐겁게 보낼 거다. 잘 자라.

  아름다움으로, 향기로 대답해 주는 꽃들과 대화하면 너도 예쁜 말만 하겠구나. 나는 쓸데없는 일로 바쁘니 몸도 고달프다. 이제 너는 쉬는 시간이겠구나. 나는 또 오늘을 맞이하여 행복하게 하루를 보낼 생각이다. 잘 쉬어라.

경자에게 4

　춥다 춥다 해도 봄은 찾아오는구나. 목련이 봉우리를 키우고 있고 벚꽃도 조금씩 꽃망울을 맺기 시작하네. 추운 날씨에 나무들은 살려고 제 몸피를 털어내고 또다시 새살을 채우는데 사람은 세월을 거부하지는 못하네. 축 늘어난 피부에 깊고 굵은 줄무늬만 겹겹이 생기니 거울 보기가 마땅찮다. 나이 들어 가는 건 자연스러운 일이지만 우선 보기는 좋지 않구나.
　보내준 사진 보니 너의 남편 버드와 너도 건강해 보여서 보기 좋다. 나는 며칠 동안 절에 다닌다고 바빴다. 늙은 사람들이 보내주는 카톡은 다 공감 가는 글들이니까 우리도 늙은이에 속한다는 거겠지. 그러나저러나 아프지만 않으면 참 좋겠다. 봄비가 내리는데 몸이 먼저 알고 무릎은 더 아프고 허리도 팔다리도 쑤신다. 쯧쯧. 아픈 타령만 했다. 몸이 아프니 삼시 세끼 챙겨 먹기도 힘들다. 이럴 때는 누가 하루에 세 끼나 먹게 했을까 원망해 본다. 한 끼만 먹으면 얼마나 수월할까 싶다. 뭘 만들어야 할지 고민도 덜할 테고. 날씨가 따뜻해지면 친구들과 얼굴 보기로 했다. 주저리주저리 말이 많아졌다. 오늘도 힘 내보자.

펜트하우스

 결국, 그들은 모두 죽었다. 얼마 전에 끝난 드라마 〈펜트하우스〉 이야기다. 막장도 이런 막장이 없다고 욕을 하면서 3부까지 빼놓지 않고 보았다. 아이러니는 마지막 회가 최고의 시청률을 기록한 사실이다. 눈을 뗄 수 없이 화려한 집과 그 집에 사는 이들이 걸친 의상을 보는 재미도 한몫했다.
 집값 1번지, 교육 1번지에서 자식을 지키기 위해 악녀가 될 수밖에 없었던 여자들의 연대와 복수가 극을 견인했다. 죽었던 이가 갑자기 살아나고 친구가 별안간 원수가 되는 개연성 없는 전개에도 불구하고 시청자를 사로잡은 비결은 무엇일까.
 100층, 상위 1%만 입주할 수 있는 꿈과 욕망의 상징, 헤라팰리스에서 벌어지는 이야기다. 가진 자들의 민낯을 낱낱이 그려냈기에 중독성이 강했다. 누구나 꿈꾸지만 채워지지 않는 일그러진 욕망을 잘 그려냈기 때문이다. 인간의 탐욕으로 인한 음모와 온갖 악행을 서슴지 않는 그들을 보며 우리는 도

덕성의 잣대를 대면서 대리만족을 느꼈을지도 모른다.

요즘 부동산 문제로 온 세상이 떠들썩하다. 몇 달 사이에 집값이 몇억씩 오르고 평생 모아도 집 한 채 갖기 어렵다. 내 집을 갈망하는 사람들이 희망이 없다며 여기저기에서 절망한다. 한 푼 두 푼 모아서 빚 없이 집을 사려던 이들은 하루아침에 벼락 거지가 되었다며 한탄한다. 반면에 아파트가 빵이라면 밤을 새워 만들어내겠다는 세상 물정 모르는 말로 집 없는 서민들의 염장을 지르는 장관도 있다.

예나 지금이나 내 집 마련은 가정을 꾸린 이들이 꾸는 첫 번째 꿈이다. 나 역시 그랬다. 결혼 후 2년 정도 남의 집 전세살이를 했다. 다행히 일찍 집을 장만했다. 공무원인 남편이 차곡차곡 알뜰히 모은 돈에 은행 대출을 받아서 작은 집을 지었다. 방 네 칸에 부엌이 두 개, 두 가구가 살 수 있는 집이다. 방 두 개를 세놓기로 했다.

남편이 출근하고 난 뒤, 대문에 전세방을 내는 전단지를 붙이자마자 젊은 내외가 어린 두 딸을 데리고 전세방을 구하러 왔다. "아이가 있어도 방을 줍니까?" 주저하며 물었다. 나 역시 첫 아이를 낳아 키우던 입장이어서 흔쾌히 그렇게 하자고 했다. 그들은 연신 고맙다며 고개를 숙였다. 몇 군데 다녔으나 어린 애 둘이라 방을 구하기가 쉽지 않았단다.

마당에 있는 화장실을 두 집이 같이 쓰는 불편함 외에는 큰 어려움은 없었다. 세 든 아이들과 우리 딸은 친자매처럼 잘 지내다가도 싸우기를 반복했다. 그때는 아이들이 뛰어노는 소리가 골목마다 울려 퍼졌다. 골목길은 아이들로 꽉 차 펄떡거리며 살아있었다. 요즘은 아이들 소리를 좀처럼 들을 수 없다.

　이전과 비교할 수 없을 정도로 살기 좋은 세상이 되었지만 젊은이들이 살기에 참 힘든 세상이 되어 버렸다. 대학을 나와도 취업이 어려우니 저축도 쉽지 않다. 이율이 낮아 죽어라 모아도 집값을 따라잡기 힘들다. 내 집 마련은 여전히 모두의 꿈이나 하루에 몇천씩 오르니 속수무책이다. 집값을 잡느라 부동산 대책으로 전세자금의 목줄을 쥐어짜니 대출조차 막혀버렸다. 세상이 이 지경에 이르니 젊은 청년들은 결혼도 자녀도 포기해 버린 것 같다. '아 테스 형 세상이 왜 이래, 왜 이렇게 힘들어' 나훈아의 노래 가사처럼 정말 세상이 왜 이런지 모르겠다.

　10여 년 전에 딸이 사는 아파트로 이사 왔다. 손주들 보느라 매일 딸 집으로 출퇴근을 하는 것이 번거로워 같은 아파트에 이사를 오기로 마음먹었다. 부동산에 갔더니 1층이 있다고 하길래 1층은 싫다고 해놓고 보기나 하자며 부동산 업자를 따라나섰다. 내부구조는 딸 집과 같아서 안 봐도 될 것 같아서 화단만 보고 계약도 하기 전에 머릿속으로 어디에 뭘 둘지 설계를 하고 있었다.

바로 계약을 했다. 대개 1층은 별로 인기가 없다. 하지만 이곳은 1층에 화단이 있어서 우리에게는 안성맞춤이었다. 남편이 좋아하는 나무를 키우고 장독대도 만들어 전원주택이 부럽지 않았다. "내부는 안 보고 화단만 봐서 이상하다고 여겼는데 화단을 이렇게 잘 꾸몄네요?" 이사 온 후 집을 판 사람에게서 들은 얘기다.

남편이 퇴직하기 전에는 나무 키우기는 내 몫이었다. 방학 때면 아들이 대신 물을 주면서, 살아있는 것은 사람 말고 아무것도 키우지 않겠다고 볼멘소리를 했다. 사철 피었다 지는 꽃들과 나무들은 해마다 한 그루씩 늘어났다. 코로나19로 집에 갇혀 모두가 힘들어할 때 화단에 날아드는 이름 모를 새들과 나비들 덕분에 답답한 줄 모르고 지냈다.

오랜만에 도반이 함께 식사하자고 했다. 손녀를 키우느라 한동안 절에 나오지 못하다가 어느새 유치원에 보낼 정도로 컸다며 모처럼 연락이 왔다. 약속 시간에 조금 늦게 도착했다. 나는 미안한 마음에 너스레를 떨었다. "낮에 집 한 채 짓고 오느라 늦었다." 어안이 벙벙해 있는 그녀에게 자초지종을 설명했다.

아파트 화단에 있는 화초가 겨울을 날 수 있도록 비닐하우스를 지은 얘기였다. 퇴직한 남편은 분재에 공을 들인다. 화단에는 나무들이 많이 있는데 시간이 날 때마다 가꾼다. 따뜻한 지방에서 자라는 대여섯 종류의 귤나무가 있어서 해마다 비닐하우스를 지었다 철거하기를 반복한다.

　얘기를 듣고 있던 도반이 갑자기 생각난 듯 손녀 얘기를 꺼냈다. 그녀도 집 때문에 서러운 꼴을 당했다고 했다. 손녀가 장난감 집을 가지고 놀다가 "할머니! 할머니는 집 없지? 나는 집 있어." 하더란다. 어린 손녀가 하는 말인데도 집이 없었으면 얼마나 서럽겠냐는 말에 함께 웃었다.

　나 역시 손자를 키울 때 생각이 났다. 이것도 하지 마라. 저것도 하지 마라. 시시콜콜 해대는 할머니의 잔소리가 듣기 싫었던 모양이다. "할머니, 이제 우리 집에 안 오시면 안 돼요?" 참으로 갈 곳 없는 처지였으면 서러울 뻔했다. 그동안 얘기하지 못했던 일들을 화제 삼아 시간 가는 줄 모르고 있었다.

　집에 돌아오니 남편은 오전에 지은 비닐하우스를 다시 손보고 있었다. 바람이 들어오지 못하게 가장자리를 잘 막아야 하는데 얇게 덮었다며 비닐을 이리 당기고 저리 당겨서 맞추었다. 애지중지 아껴주는 남편 덕분에 나무들도 추위를 잘 이겨내고 다시 봄을 맞을 것을 생각하니 가슴이 따뜻해졌다.

　남편 옆으로 가서 비닐의 한쪽을 잡아주었다. 남편은 혼자 해도 되는데 손에 흙을 묻히냐며 들어가라고 손사래를 쳤다. 모처럼 나갔는데 좀 더 놀다 오지 벌써 왔느냐 한마디 덧붙였다. 집을 빨리 지어서 준공검사를 받아야 하지 않느냐는 내

말에 마주 보며 웃었다. 무엇을 더 바라랴. 작은 일에도 한마음으로 웃을 수 있는 우리가 사는 이 집이 펜트하우스가 아닌가.

하늘로 간 산정호수

 11월의 첫 새벽이다. 어둠도 우리의 길을 막지는 못한다. 남편의 직장 동료로 만나 가끔 함께하던 세 부부가 오랜만에 의기투합하여 단풍놀이에 나섰다. 여행지는 A 씨가 추천한 산정호수로 정했다. 산정호수는 봄의 신록, 여름의 녹음, 가을의 단풍, 겨울의 얼어붙은 호수로 사계절 운치가 있는 곳으로 유명하다. 가을의 단풍을 볼 거란 기대에 나이도 잊은 채 달뜬 마음으로 집을 나섰다.

 일행 중 누군가가 고속도로휴게소에서 소떡을 먹자고 했다. 소떡이 무엇인가 보았더니 소시지와 떡이 꼬치에 교차로 끼워져 나왔다. 요즘 유행하는 먹방 프로그램에서 개그맨 이영자가 휴게소에서 먹는 최고 애용하는 음식으로 손꼽았단다. 각각 먹으면 그 맛이 그 맛이나 두 개를 한입에 넣고 먹으니 두 음식의 맛이 어우러져 색다른 식감과 풍미를 느낄 수 있었다. 마음 맞는 이들과 함께하는 여행길에서 말로만 듣던 요즘 세대의 음식을 맛보는 즐거움을 누릴 수 있으니 이보다 더 좋을 순 없겠다.

　웃고 떠드는 사이, 어느새 목적지에 다다랐다. 산정호수는 경기도 포천시 영북면 산정리에 있는 인공호수다. 본래 산 위에 들어섰다. '산중의 우물과 같은 호수'라는 뜻으로 산정호수라 부른다. 산정호수의 북쪽에는 궁예(弓裔)의 만년을 슬퍼하며 산새들이 울었다고 하여 붙여진 명성산(鳴聲山)이 있다. 남쪽에는 관음산(觀音山)이 솟아 있고, 서쪽으로는 망무봉(望武峰) 등으로 둘러싸인 낮은 곳에 사방에서 계류가 흘러든다.

　산정호수에는 기암괴석이 돌탑처럼 솟아 있는 명성산의 그림자가 누웠다 가고 해와 달, 별들도 머물다 간다. 하늘과 산이 배경을 이루는 주변 경관이 아름다워 연인들이 데이트 장소로 즐겨 찾는 곳이다. 빼어난 자연경관이 펼쳐진 산책로를 거니는 낭만 또한 빼놓을 수 없다. 이곳은 1925년 3월 20일 영북 농지 개량 조합의 관개용 저수지로서 준공되었다가 1977년 건설교통부는 산정호수를 관광지로 지정하였다고 한다.

　숙소에 짐을 정리해 두고 호수로 향했다. 관광지답게 호수 주변은 상가로 이루어졌다. 포천에서 유명하다는 식당이 줄지어 들어서 있다. 여기저기에서 눈짓, 손짓으로 호객행위를 하고 있었다. 추천받은 집이 있어 찾아가니 부산에서 살다가 이곳으로 와서 터 잡고 장사하며 사는 집이었다. 부산 사투리를 듣고 반갑다며 주인 내외가 일면식도 없는 손님 옆에서 주저리주저리 이야기꽃을 피웠다. 타향에선 고향 까마귀도 반갑다더니, 고향 떠난 허허로움에 하는 이야기에 일행들도 오랜 지기를 만난 듯 응수하며 맞장구쳤다.

　식당을 나와 이런저런 얘기를 나누며 걷다 보니 어느새 호수가 눈앞에 펼쳐졌다. 울긋불긋 형형색색의 옷을 입고 북적이는 관광객들의 복장에서 무르익은 가을이 느껴진다. 병풍처럼 둘러서 있는 높고 낮은 산들도 울긋불긋 치장하고 나 좀 봐달라는 듯 얼굴을 붉히니 사람과 산, 사방이 총천연색으로 물들었다. 호숫가, 물에 잠긴 산 그림자도 물감을 들이부은 듯 붉게 물들어있고 높고 푸른 하늘과 뭉게구름도 탱고를 추듯 천천히 흔들리고 있다.

　그 광경이 어찌나 아름답던지 너도나도 넋을 놓고 보았다. 그때 갑자기 가까이서 물기 머금은 기침 소리가 들렸다. 지인 A 씨였다. 고개를 돌려 보니 숙연한 표정 위로 젖은 눈시울이 붉었다. 무슨 일인가 싶어 깜짝 놀라 물어보았더니 몇 번 주저하다 어렵사리 말을 꺼냈다.

　50여 년 전, 동생이 만기 전역을 앞두고 마지막 제대 휴가를 받았단다. 가족과 친구들을 만나 시간을 보내고 마지막으로 누나를 만나 내무반원들의 선물까지 준비해서 복귀했다. 군대로 돌아가는 동생을 바라보며 곧 만날 수 있다는 기대감에 가슴이 뿌듯했다고 한다.

다음 날 군대에서 급한 전갈이 왔다. 동생이 스스로 생을 마감했다는 짧은 통보였다. 구체적인 사연이나 해명도 없이 의문만 품은 채 싸늘한 주검이 된 동생을 만났다. 이유도 원인도 모른 채 한 줌의 재로 돌아온 동생을 손수 뿌린 곳이 이곳 산정호수란다. 어떤 연유로 이곳 산정호수를 찾아왔는지는 물어보지 못했다.

나이가 들면서 동생이 생각나서 다시 찾아와도 변해버린 모습에 낯설고 희미해져 가는 기억들뿐이라며 애석해했다. 안타까운 건 기억은 희미해져도 동생을 잃은 상실의 아픔은 더 깊어지는 모양이라며 요즘 더 자주 동생을 떠올리고 가슴 아파 한단다. 더 잘해주지 못한 것 같은 죄스러운 마음에 꼭 와보고 싶었다면서 내내 눈시울을 적셨다. 모두 장성한 자녀들을 둔 터라 지인의 사연에 함께 깊은 공감을 했다.

A 씨는 늘 밝고 환한 모습에 우스갯소리도 잘해서 그런 아픔이 있으리라 짐작조차 못 했는데 뜻밖의 사연에 모두 숙연했다. 사람 사는 일이 그리 만만한 일이 아니니, 크고 작은 사연 없는 이 몇이나 될까마는 피붙이를 잃은 슬픔의 무게를 어찌 감당했을지 짐작이 되어 마음이 무거워졌다. 어쩌면 희희낙락 웃고 있는 저들 속에도 깊이를 알 수 없는 근심 걱정 하나쯤은 있지 않을까 싶었다.

나 역시 먼저 간 언니 생각에 가슴이 아렸다. 형제의 죽음은 한쪽 팔이 떨어져 나가는 듯한 아픔이다. 나이 들어서 오랜 지병으로 세상을 떠나도 다정하지 못했던 기억들만 떠올라 가슴이 아린데 젊고 앞길이 창창한 나이에 원인도 모를 비보에 얼마나 놀라고 슬펐을까. 슬며시 A 씨 손을 잡았다.

  우리는 호수를 바라보며 말없이 오래 서 있었다. 저마다의 상념으로 분위기는 숙연해졌다. 타는 듯 붉은 산을 품고, 깨어질 듯 푸른 하늘을 머금고 있는 저 호수에 지인의 동생만 잠들어 있을까. 이곳을 지나는 이들의 마음속 기쁨도 슬픔도 떨어지는 낙엽 따라 호수 속에 떨구고 돌아섰을 터, 그래서 가을이 되면 다시 이곳을 찾아왔을 거다.

  해가 기울고 어둠이 내려앉으니 산빛은 한 걸음 앞으로 다가서고 이름 모를 산새들 우짖는 소리 더욱 선명하다. 마치 가슴에 꼭꼭 숨겨둔 근심 걱정 훌훌 털어버리고 하하 호호 웃으며 살라는 당부처럼 새소리는 우리 곁을 맴돈다. 일행들은 탑돌이를 하듯 호수 주변을 돌고 또 돌았다. 사람들 북적이는 발걸음에 잠들어 있는 영혼도 외롭지는 않겠다고 지인을 위로한다. 호수에 잠긴 하늘과 하늘에 맞닿은 호수는 하나 되어 빙글빙글 춤을 추듯 원을 그린다. 생과 사가 다름이 없고 이승과 저승의 경계를 허문 산정호수에 저마다의 염원을 풀어놓고 뒤돌아서 내려온다.

태풍

올해 여름은 더워도 너무 덥다. 해마다 기후변화로 온 세상에 이변이 일어나고 있다. 어느 곳은 산불, 어느 곳은 물난리, 또 어느 곳은 태풍으로 기후 이변을 종잡을 수 없게 되었다. 태풍 카눈이 한반도를 관통한다고 티브이에서 계속 안전 주의보를 내보내고 있다.

예기치 못한 일로 인해 내 마음에도 태풍이 시작되어 기세를 더하더니 급기야 부글부글 끓어 나를 집어삼킬 듯한 태세다. 이렇게도 생각하고 저렇게도 이해하며 다스려 보아도 좀처럼 다스려지지 않아 애를 먹고 있을 때 반가운 전화가 왔다. 앞뒤 가릴 것 없이 약속을 정하고 나서야 한풀 기세가 꺾였다.

서면의 영광도서 앞에서 만나기로 했으니 시간 맞춰 가려면 서둘러야 했다. 급하게 챙겨 입고 집을 나서서인지 약속한 시각보다 너무 일찍 도착했다. 거리에는 많은 사람이 붐비고 있었다. 모처럼의 외출이기도 하거니와 무거운 마음으로 집을 나선 터라 좀처럼 기분이 나아지지 않았다. 오가는 이들을 바라보며 기분을 달랬다. 서면 번화가에 거리를 돌아다니는 부랑자들은 점점 늘어났다. 이전에는 고작 몇 명뿐이었는데 이제는 두어 무리를 이루어 대낮에도 술에 절어 소리 지르거나 시체처럼 움츠러들어 거리에서 자고 있다. 그 광경을 보고 있으니 간신히 수그러들었던 내 마음속 태풍이 슬그머니 고개를 들었다.

서점 안으로 들어가 책을 보는 게 더 나을 듯하여 안으로 들어갔다. 영광도서가 있는 건물에는 서점만 있는 것이 아니라 문화센터, 병원, 식당, 문구점 카페 등 다양한 업종이 자리하고 있다. 엄마와 손잡고 문화센터에 다녀오는 아이도 보이고, 문구점에서 학용품을 사서 즐거운 표정으로 나오는 아이도 눈에 들어온다. 서점에서 두툼한 서적을 사 들고 나오는 노신사도 보인다. 모두가 행복한 얼굴들이다.

갑자기 더워진 날씨에 적응이 안 되어 그런지 오늘따라 견디기 어렵다. 더위를 피할 곳이 어디에 있나 이리저리 둘러보지만 갈 곳이 마땅치 않아 건물 안으로 들어가기로 한다. 건물 안에는 천장에서부터 시스템에어컨이 돌아가고 있다. 무더위를 단번에 날려 보낼 것만 같은 시원한 바람이 불어왔다. 때아닌 횡재라도 만난 듯 얼른 안으로 들어가 땀을 식혔다.

더위도 한풀 식었고 들끓던 마음도 다소 가라앉아 오가는 사람들을 보고 있을 때 언니! 하는 목소리와 함께 반가운 얼굴이 보인다. 반가움에 더위도 잊은 채 서로 손을 잡고 인사 나누고, 자리를 옮겨 점심을 먹었다. 한창 점심때여서 사람들로 붐비는 식당을 나와 카페로 갔다. 그곳 역시 앉을 자리가 없다.

  잠시 기다렸다가 자리가 나서 음료를 주문하고 자리에 앉았다. 밥값보다 비싼 음료를 마시기 위해 많은 사람이 줄을 서서 기다리고 있다. 언제부터 밥 먹고 나면 카페에 가는 것을 당연한 것처럼 여기는 문화가 자리를 잡았는지 모르겠으나 식사 후에는 발걸음이 자연스럽게 카페로 향하고 있다. 그 중에 우리도 있으니 무어라 할 말이 없다.

  이런저런 이야기를 하며 오랜만의 회포를 풀었다. 그동안 나를 들끓게 하던 마음속 소용돌이를 풀어놓고 나니 다소 속이 후련해졌다. 회포를 푸는 일은 어쩌면 핑계였는지도 모른다. 사소한 일의 발단으로 태풍처럼 점점 커져만 가던 속앓이는 누그러졌다. 이야기를 끝내고 태풍이 가라앉고 보니 혼자만이 키워온 다른 사람들과의 갈등은 툭 터놓고 풀지 못한 내 탓인 것만 같았다. 얘기를 나누는 동안 마음의 고리는 매듭이 풀리듯 풀렸고 소용돌이치는 마음은 눈 녹듯 스러짐을 느낄 수 있었다. 서로가 하소연하듯이 주거니 받거니 세상 돌아가는 일을 나누다가 지인이 내 손을 잡고 눈물을 흘리며 덧붙였다. 언니의 고민은 고민 축에도 안 들어가는 거라며 정말 아무것도 아니라며 털어버리라고 한다.

  자신의 아이는 세상을 더디게 살아가며 치료와 관리를 해야 하는 손이 많이 가는 아이란다. 그 소리에 뒤통수를 한 방 맞은 듯 정신이 번쩍 들었다. 그렇지, 나는 사소한 일에 마음 하나 다스리지 못하고 힘겨운 척 엄살을 부렸다고 생각하며 지인의 손을 잡고 속울음을 삼키며 입술을 깨물었다. 그렇게 한동안 나를 태풍 속으로 몰아넣던 고민은 지인과 만남으로 눈 녹듯 사라졌다.

  후련해진 마음으로 밖으로 나왔다. 지인과 헤어져 집으로 돌아오는 길 주위를 돌아보았다. 거리에 활보하는 사람들의 얼굴이 달리 보였다. 모두 마음속 태풍 하나는 품고 있을 것만 같다. 뜻대로 풀리지 않는 세상에 대한 불만으로 가득 찬 이들은 뭔지 모를 울분을 삼키고 있을지도 모른다. 취업의 벽에 부딪힌 젊은이들의 가슴에도 잠재워지지 않는 태풍이 몰아치고 있는 것은 아닐까. 매스컴에서 좋지 않은 젊은이들 소식을 접할 때는 무엇이 우리의 아이들을 저렇게 분노가 쌓이게 했을까 걱정하곤 했다.

  칠십 인생을 살며 산전수전 공중전까지 겪어봐서 그만한 일에는 눈도 깜짝하지 않았던 나 역시 사소한 일로 속을 끓이는데 하물며 세상 경험이 그리 많지 않은 청년들에게는 작은 태풍이라도 얼마나 크게 와닿을까. 그만한 일로 속을 태운 지난 시간이 새삼 부끄러웠다.

　집으로 돌아와 TV를 켜니 태풍은 어디론가 비껴갔다고 한다. 나도 모르게 풋, 웃음이 나왔다. TV를 끄고 저녁 준비를 하려고 자리에서 일어났다.

엄마의 향기

 어디서 나는 향기일까? 외출했다가 돌아오니 아파트 입구에서부터 나는 향기를 찾아 코끝을 치켜세운다. 두리번거리며 향기를 쫓아보니 저 멀리 화단 구석에 천리향 나무가 있다. 수줍게 꽃망울을 틔운 천리향이 세상에 향기를 터트리며 서 있다. 마치 엄마를 만난 듯 반가움에 달려가 눈으로 보고 향기를 맡으며 손으로 만져 본다. 날카롭게 살을 에던 추위가 달아나고 어느새 봄이 왔나 보다. 그러고 보니 어느새 목련은 상처를 입고 꽃잎을 떨어뜨리고, 벚꽃이 꽃망울을 틔우고 있다.

 봄은 청춘이다. 만물이 싹을 틔우고 시들었던 나무도 기운을 차리게 하는 청춘이 아닌가. 나에게도 청춘이 있었다. 영원히 봄이고픈 청춘은 속절없이 가버리고 가을의 끝자락인가 겨울의 시작인가 마음껏 누려보지 못한 청춘을 향한 연민만 남았다. 지나온 세월을 뒤돌아보니 나에게도 낙엽 뒹구는 운동장에서 깔깔거리던 때도 있었고, 낙엽 밟는 소리에 감상에 젖어 들었던 때도 있었다. 분명히 꿈 많던 소녀였었는데 어느새 백발의 노인이 되어있다. 젊을 때는 젊음의 소중함을 모르고 인생의 마지막 길에서 젊음을 찾고 있으니. 꽃샘바람에 떨어지는 상처투성이인 저 목련 꽃잎을 보며 공연히 빠른 세월의 흐름만 원망한다.

며칠 전 초등학교 이 학년짜리 손자 녀석이 동백 꽃봉오리를 보며 "와~ 열매다!" 했던 봉오리가 열매의 모습은 온데간데없고 활짝 핀 꽃이 되어있다. 속절없이 흐르는 세월이 참으로 야속하다. 꽃의 아름다움을 시샘이라도 하듯이 또다시 바람이 분다. 꽃눈이 흩뿌려진다. 마치 한바탕 꽃 전쟁 치른 듯 떨어진 꽃잎들이 여기저기 흩어져 있다.

아주 갓난쟁이일 때, 우리 가족은 전쟁 통에 떨어진 꽃잎처럼 뿔뿔이 흩어질 뻔하였다. 가족들 손 꼭 잡고 오른 피난길에서 어린 것 안고 가야 했던 엄마를 힘들게 한 육 남매의 막내였던 나는 철없이 자랐다. 어려서 얼굴도 모르는 죽은 언니의 이야기가 생각난다. 전쟁 중에 설이 되었다. 다른 집에서는 떡과 음식을 하는데 가난하였던 데다 폭격까지 맞아서 먹을 것을 구할 길이 없었던 우리 집은 설이 되어도 아무것도 해 줄 것이 없었다. 철이 없었던 언니가 떡을 달라고 울었나 보다. "막내 돌 때 많이 해줄게." 하고 달랬는데 막내인 내가 돌이 되기도 전에 하늘나라로 갔다고 엄마는 가슴 아파 하셨다. 문득 거울을 볼 때마다 거울 속에 비친 내 모습에서 엄마의 얼굴을 보곤 한다. 어느새 돌아가신 엄마의 나이가 되었다. 이제는 자식을 앞세운 엄마의 슬픔을 이해하고도 남는 나이다.

　엄마는 이 좋은 천리향의 향기를 느꼈을까. 전쟁의 후유증에서 벗어나려고 지독한 가난에서 벗어나려고 얼마나 발버둥 치며 동동거리며 모진 세월을 살아 냈을까. 두 아이를 가슴에 묻고 남편마저 일찍 저세상으로 보내고 혼자서 나머지 네 아이를 키우느라 계절의 변화도 모르고 꽃이 피었는지 단풍이 예쁘게 물들었는지도 모르고 앞만 보고 살았을 것이다.

　지금 살아계시면 계절이 바뀔 때마다 얼마나 아름다워했을까. 병치레로 유난히 엄마를 고생시킨 이 막내딸은 천리향의 향기에 젖어 엄마의 향기를 찾아 헤매고 있다. 사방은 지천으로 봄빛이 완연하건만 점점 더 부풀어 오르는 엄마 생각에 가슴이 시리다. 괜스레 하늘만 올려다본다.

　거실에 앉아서 창밖을 보니 연둣빛으로 숲이 우거져 있다. 도심 한가운데 있는 아파트에서 전원주택의 여유를 누린다. 조경이 잘되어 있는 1층의 자랑거리다. 홍가시나무와 꽃댕강나무로 울타리를 해놓았더니 붉은 홍가시잎이 꽃처럼 아름답다. 영산홍, 모과꽃, 만다빌라가 예쁘게 피어 있고, 포도송이와 감나무의 감이 얼마나 남아있을지 모르지만, 아직은 가지가 휘게 달려있다.

　블루베리도, 감귤도 올해는 실하게 달려있고, 아침이면 이름 모를 새들도 지저귀고 나비들도 날아다닌다. 장독에서는 간장이 미생물의 꽃을 맛있게, 하얗게 피우며 익어가고 있다. 더불어 뒤늦게 들어선 수필가의 글맛도 익어간다.

　앉아서 듣고 일어서면 잊어버려도 무엇이든 배우겠다는 심한 갈증으로 여기저기를 기웃거리며 다녔다. 얻는 것이 무엇이며, 찾는 것이 무엇이든 몸에 밴 향기처럼 은은하게 번질 그날을 위해 꿀을 따는 나비처럼 학생이 되어 꿈 밭을 찾아다녔다.

　모 대학의 평생교육원에서 컴퓨터 공부를 하고, 기초반 강의도 해봤다. 꿈이었던 선생님 소리도 듣고 행복했었다. 제자라고 모두 오십이 훨씬 넘어 육칠십 대였다. 컴맹 탈출을 조금 도와준 것이다. 그것도 몇 년뿐, 이제는 몸이 말을 들어주지 않는다. 세 번의 무릎 수술 후 정말 늙어버린 몸이 되었다. 그렇지만 그냥 있을 수 없었다. 오늘이 살아있는 가장 젊은 날이기에 친구들과 오늘도 마지막 젊은 날을 함께한다.

　친구들이 언제가 가장 행복했는지 생각해 봤냐고 한다. 어떤 친구는 기다리던 첫 아이 임신했을 때라고 하고, 또 어떤 친구는 첫 손주가 태어나 그 손주 키울 때가 가장 행복했다고 한다. 과연 나는 언제였을까. 내 아이의 임신과 손주들의 태어남도 분명 행복의 순간이긴 했지만, 나는 지금이 행복하다. 세 아이의 엄마, 여섯 아이의 할머니다. 오래도록 지워지지 않고 가족들의 기억에 밴 엄마의 향기처럼 살고 싶다. 내 아이들은 엄마인 나의 향기를 어떻게 느낄까, 문득 궁금해진다.

  천리향 같은 엄마의 향기를 간직한 채 점점 짧아져서 없어져 버릴 것같이 바쁘게 지나가는 성질 급한 봄을 아쉬워한다. 가장 젊은 오늘을 봄처럼 바쁘게 보내기 싫어서 쉬엄쉬엄 가기를 부탁해 본다. 따사로운 봄 햇살을 받으며 오늘에 감사한다. 내세울 게 없는 소박하고 평범한 삶이지만 이렇게 지난 일을 회상할 수 있으니 참으로 행복하다. 지금 이 순간, 나의 삶에 또 한 줄 써 내려갈 오늘이 있기에 행복하다.

예쁜 배신자

 아침 일찍 띠, 띠, 띠, 전자키 누르는 소리가 났다. 부부 둘 사는 집에 이 시간에 올 사람이 없을 텐데 혼잣말하며 현관 쪽을 바라보는데 손자가 문을 열고 집 안으로 들어섰다. 학교 가야 할 아이가 교복을 입고 들어서니 반가움보다 놀람이 앞섰다.

 학교 안 가고 웬일이냐고 물으니 할아버지 할머니를 못 뵌 지 오래되어 인사도 드리고 용돈도 좀 받으려고 왔단다. 안도의 숨을 내쉬며 아이를 안고 등을 토닥여 주었다. 한창 성장할 시기에 하고 싶은 것도 많고 먹고 싶은 것도 좀 많지 않겠는가. 문안 인사차 들렀다는 말은 핑계일 테고 아마 부족한 용돈이 목적일 터였다. 할아버지 할머니를 찾아주어서 착하다는 칭찬과 함께 거금 만 원을 꺼내 주었더니, 입이 귀에 걸려서 학교로 갔다.

 외손주는 같은 아파트 옆 동에 산다. 딸아이가 직장에 다니니 돌봐줄 사람이 없어 애를 먹을 때 내가 맡아 키우던 아이다. 손자가 태어나던 날을 잊을 수가 없다. 심한 입덧으로 출산 때까지 힘들어하는 딸아이의 진통 시간을 내가 산모인 양 밖에서 함께 겪으며 걱정과 안타까움으로 손에 땀이 날 정도였다.

내 눈에는 손주가 그렇게 예쁠 수가 없었다. 딸아이 부부는 엄마 아빠인 자신들보다 할머니가 더 아이를 좋아하는 것 같다고 말하곤 했다. 아이가 보고 싶어서 일찍 퇴근한 사위가 아이가 할머니 댁에 가 있을 때가 많아서 실망했었다고 한참 후에 말을 했다.

퇴직 후에 무료해진 남편은 손자 육아를 많이 도와주었다. 내 자식 키울 때는 기저귀 한번 갈아주지 않더니 손자 응가는 곧잘 치웠다. 우리는 내 아이들을 어떻게 키웠는지 기억도 가물거렸지만, 아이 키우던 기억을 떠올려 가며 말랑말랑한 아이를 아주 귀한 유리그릇 만지듯 조심스레 정성을 다하여 키웠다.

아이는 순하고 건강하게 잘 자라 주었다. 울지도 않고 보채지도 않아서 힘든 줄 모르고 공짜로 키운 것 같다. 절에 데리고 가면 방긋방긋 웃으며 누구에게나 잘 안겨서 모두의 사랑을 받았다. 세월이 한참 흐른 지금도 손자의 안부를 물어보는 도반들이 많다.

흑진주처럼 새카맣게 빛나는 눈동자를 마주 보고 있으면

시간 가는 줄도 모른다. 입을 오물오물 움직여 옹알이라도 하면 근심 걱정이 사라지는 듯 행복했다. 제 핏줄이 예쁘지 않은 사람이 있을까마는 생김생김 빠진 구석 없이 정말 예뻤다. 요즘 말하는 얼짱도 해보고 선거관리위원회 홍보 포스터 모델도 했다.

할머니 앞에서 알몸으로 볼기짝을 내어놓고 부끄러운 줄도 모르고 뛰어놀더니 이제 컸다고 친구들만 찾는다. 할머니는 물론 제 엄마와도 데면데면해지고 있다. 신선놀음에 도낏자루 썩는 줄 모른다고 하더니 여기저기 쫓아다니느라 바쁘게 살다 보니 어느새 훌쩍 자라 내 키를 앞질렀나 싶다. 조그맣던 아이가 이만큼 컸으면 반대로 나는 얼마나 늙었을꼬.

가끔 용돈이 필요하면 커다란 몸으로 안아주면서 "할머니, 사랑해요."라며 아쉬운 애교도 부린다. 아이답지 않게 제법 철든 소리도 한다. 애어른 같은 말을 할 때도 있다. 그럴 때면 지난 세월을 보상이라도 받은 듯이 "그래, 나도 사랑해." 화답하며 등을 토닥여 준다.

어릴 때는 "할머니, 나중에 내가 크면 좋은 집도 사드리고 차도 좋은 것으로 사드릴게요."라며 큰소리치더니 이젠 친구가 좋지 할머니는 안중에도 없다. 성장기의 아이들에게는 당연한 일이거니와 그 약속을 참말로 듣지도 않았지만 가끔 서운할 때가 있다. 한동안 연락이 없으면 조부모의 존재나 알고 있을까 싶다. 손자들 키워봤자 아무 소용없다는 말이 자꾸 생각날 때는 늙은이가 주책이다 싶어 얼른 서운한 마음을 지운다.

　아이들은 클 때 효도를 다 한다고 하지 않던가. 아이들이 자라며 순수한 눈빛과 천진난만한 미소로 우리에게 큰 즐거움과 위안을 주기 때문이다. 꼬물꼬물 핏덩이를 안고 키운 지 엊그제 같은데 벌써 할아버지보다 키도 크고 체격도 큰 청년이 되었다. 자식 입에 밥 들어가는 것만 봐도 배부르다는 말처럼 아이들 크는 것만 봐도 부자가 된 듯이 흐뭇해진다. 손주는 미워할 수 없는 예쁜 배신자다.

로또

 해 질 녘 복권집 앞에 서 있는 줄이 길다. 한동네에 사는 친구들과 놀다가 집으로 돌아오는 길에 본 복권집 풍경이다. 1등 당첨된 집이라는 화려한 현수막에 눈길이 간다. 평소에 일확천금을 노리면 안 된다고 멀리하던 복권이다. 군중심리랄까. 어느새 나도 친구와 줄을 서고 있다. 친구들과 심심풀이로 몇 번 사보기는 했지만 추첨 날이 되면 은근히 기대하게 된다. 역시나 매번 꽝이다.

 남편은 매주 복권을 산다. 나는 그 돈으로 붕어빵이나 사오라고 핀잔을 주면서 또 기대감에 함께 번호를 맞추어 보는 마음은 무엇일까? 일주일 내내 혹시나 하는 마음에 작은 희망이라도 가질 수 있지 않나 싶으면서도 노력 없이 한 방을 꿈꾸지 말라며 남편에게 잔소리한다. 남편은 그래도 꿋꿋하게 복권을 사온다.

 경기는 어려운데 거리마다 로또 가게는 자꾸만 생겨나는 걸 보면 로또 열풍이 한동안 이어질 것 같다. 로또는 이탈리

아말로 행운이라는 뜻이란다. 원시적 형태의 복권은 중국의 진나라와 로마 시대에도 있었다고 하나, 어느 정도 제도를 갖춘 복권의 형태는 빈민구제기금 마련을 위한 목적으로 15세기 프랑스 부르고뉴와 플랑드르 지방에서 나타났다고 한다.

 우리나라에서는 1947년 올림픽 후원을 위한 복권이 생긴 이후 주택복권이 발행되었다. 2002년 12월에 국민은행이 번호추첨식 로또복권을 운영하기 시작했고 2007년 12월부터 나눔로또로 바뀌었다. 판매된 금액의 50%는 당첨금으로 지급하고, 42% 이상은 복권기금으로 활용되어 공익사업과 복지 사업에 쓰인다고 한다. 인생 역전을 꿈꾸며 꾸준히 사는 사람들이 많은 걸 보면 로또는 여전히 우리에게는 희망이다. TV에서도 복권에 대해 홍보를 하고 있으니 여러 곳에 쓰임이 많은가 보다 생각하고 만다.

 요즘 갑자기 경제적으로 윤택해진 사람을 보면 로또 맞았느냐고 묻는다. 오죽 간절하면 키우는 강아지 이름도 로또로 바꾼다. 그만큼 행운을 바라는 사람이 많다는 뜻이기도 하다. 그래도 번개에 맞을 확률보다 높다고 하니 영 요원한 일은 아니지 싶다. 하지만 남편에게는 그 행운이 늘 비껴갔다. 매회 행운아는 따로 있었다. 매주 남편이 사 오는 복권은 어쩌다 오천 원짜리가 전부였다. 그런데도 남편은 습관처럼 복권 판매점에 들른다.

갑자기 닥친 행운은 불행만큼이나 결과가 참혹한 모양이다. 복권에 당첨된 이들을 역추적해 봤더니 가난했던 삶을 극복하고 잘사는 이들보다 더욱 불행한 삶을 사는 이들이 많은 것으로 확인되었다. 가난했던 시절 함께 고생했던 배우자와 이별하거나 지식도 없이 여기저기 투자하다 빚더미에 앉거나 가족들과 인연을 끊고 외롭게 살아가는 이들이 많았다.

복권에 당첨되어도 돈 때문에 가족 간에 갈등이 깊어지고 형제의 정이 끊어진다면 무슨 소용이 있나. 서로 조금 더 가지려고 친구도 부모도 모르고 으르렁거리며 싸우니 로또 당첨은 로또 액운으로 바뀌고 만다. 한 번도 당첨되지 않은 이들은 싸울 때 싸우더라도 당첨이 되면 좋겠다는 말을 농담처럼 한다. 모두 나만은 그러지 않으리라 자신하는 마음이 있기 때문이 아닐까 싶다. 어떻게든 당첨되었으면 하는 욕심은 어쩔 수 없는 인간의 본능이지 않을까 싶다.

남편은 오늘도 한 방을 노리며 복권을 산 모양이다. 큰 선물이라도 되는 듯 복권을 쑥 내민다. 당신에게 로또는 나를 만난 게 아니냐며 쉰 소리로 응대하면서도 영 기대감이 없는 건 아니다. 얼른 지갑에 넣고 토요일을 기다린다. 로또 한 방을 꿈꾸며.

나에게 진짜 로또는 내 아이들과 함께 부대끼며 살아가는 가족들이다. 자식은 하늘이 주는 선물이라지 않나! 선물 같은 아이들이 없었다면 힘든 시기 어려운 고비를 이겨낼 수 있었을까 싶다. 또 새로이 만들어진 가족인 며느리와 사위, 손주들이 있어 내 삶이 더욱 다채롭고 풍요로워지고 있으니 가족들에게 늘 고마운 마음이다. 이들이 없었더라면 내 삶이 어떻게 바뀌었을지 불 보듯 뻔한 일이다. 곁에 아무도 없는 노년의 하루하루가 얼마나 외로울지 생각만으로도 한기가 든다.

교과서같이 모든 것이 딱딱 맞아떨어져야 하는 남편을 맞추며 살아가기란 말처럼 쉬운 일이 아니다. 하나부터 열까지 남편에게 맞추고 살다 보니 젊은 시절에는 스트레스가 많았다. 50년이 지나고 서로 단련이 되어서 그런지 지금에야 조금 편안해진다. 나를 내려놓고 살다 보니 이제는 이심전심 서로 통하여 말하기 전에 서로 척척 맞춰진다. 그래서 지금은 오히려 마음이 편하다.

돌이켜 보면 그 사람인들 내가 100% 마음에 들었을까. 자신의 기준에 맞지 않는 일들을 보며 스트레스받으며 살았을 거다. 이제는 서로 살아온 날보다 살아갈 날이 짧으니 모든 것을 내려놓기가 쉬운 모양이다. 말하지 않아도 내 기분을 맞추기도 하고 이전보다 한결 부드러운 걸 보면 말이다.

쉽다고 하면서도 어려운 것이 마음 다스리기다. 말과 마음이 따로 움직이고 있다. 남편의 복권에 대한 희망이 헛된 꿈이라고 말하면서 마음은 당첨을 기다리고 있으니 무슨 아이러니인지 모르겠다. 오히려 주말이 되어도 복권 종이를 내밀지 않으면 이번 주에는 로또를 사지 않았나 하고 기다리게 된다. 가랑비에 옷이 젖듯이 적은 금액이라도 매주 사다 보면 큰 액수가 되겠지만 일주일을 기다리는 작은 행복의 값이라고 생각하면 그걸로 그만이다.

모녀 테라피

 딸들과 여행을 가기로 계획한 건 꽤 오래전부터였다. 그동안 고생한 엄마의 심신을 위로한다고 딸들이 의기투합하여 내린 결정이다. 좋은 곳을 물색하다 조건을 맞춰보더니 베트남과 캄보디아 앙코르와트로 여행지를 결정했다.
 딸들은 여러 가지 준비를 하며 들떴다. 하지만 나는 혼자 남겨질 남편 때문에 마음이 편치 않아 망설이다 결국 남편과 같이 가는 방법을 찾아냈다. 설렘 가득한 여행 준비를 하며 외국에서 딸들과 함께 보낼 시간이 기다려졌다.
 간단히 챙겨도 될 가방이 남편의 동행으로 무거워졌다. 술을 좋아하는 남편 때문에 저녁에 마실 술병이 가방 한쪽을 차지한다. 딸들과 마트에 가서 간식거리와 술안주와 주전부리 등 이것저것 가져갈 것들을 고르며 나이도 잊은 채 들떴다. 일상의 탈출을 상상하며 마음속으로 쾌재를 부른다. 가자, 베트남으로.
 베트남은 볼거리 즐길 거리가 많았다. 베트남의 혁명가 호치민 탄생 100주년이 되는 1990년 5월 19일에 호치민 박물관을 개관하였다. 구소련의 원조를 받아 레닌 박물관의 전문가가 설계와 내부 장식을 담당했다고 한다. 호치민 생가의 모형과 애용품, 편지들과 혁명과 관련되는 모든 것들이 전시되고 있다 하니 베트남 역사의 산 현장이 아닌가.

또 베트남의 국보 제1호로 지정된 한기둥 사원은 이름처럼 하나의 기둥 위에 불당이 세워져 있어서 일주사라고도 불린다. 꿈에 아이를 안고 있는 관음보살을 보고 아이를 얻었고, 감사의 뜻으로 연꽃 모양을 본떠 이 사원을 지었다고 한다. 지금도 현지인들은 아이를 점지해 주는 곳으로 알고 찾아와 기도하고 간다.

베트남은 열대 몬순 기후다. 더위를 많이 타는 나는 각오를 하고 간 터라 힘은 들었지만 견딜 만했다. 문제는 나보다 작은딸 아이가 더 힘들어했다. 기후에 진이 빠진 터에 음식마다 강한 향신료가 있어 식사를 제대로 하지 못해 더 지쳐버렸다. 생활수준이 60~70년대 우리나라 수준이었다. 옛 시절을 떠올리게 하는 순수한 베트남 사람들을 보며 정감 어린 향수를 느낄 수 있었다.

천여 년 전 베트남 리 왕조의 왕자가 한국으로 왔다. 북한의 웅진반도(화산)로 와서 화산 이씨의 시조가 되었다는 사실도 알게 되었다. 경북 봉화에 이장발의 사당이 있으니 명백한 사실이 아닐까 싶다. 베트남의 오랜 역사부터 베트남 전쟁과 베트남과 한국 두 나라의 인연에 얽힌 역사 이야기를 가이드가 상세한 예를 들어 설명해 주어서 더욱 뜻깊은 여행이 되었다.

세계자연유산으로 지정된 하롱베이는 중국 국경 근처에 위치하며 1,500 제곱 평방미터의 만에 이른 바다의 구이린이라고 불리며 베트남의 제일의 경승지로 알려져 있다. 석회암 구릉 대지가 오랜 시간 침식되어 생긴 3,000여 개의 섬과 기암이 바다 위로 솟아 있는 모습으로 감탄이 절로 나왔다. 날씨가 흐려서 선명하게 보지는 못했지만 인터넷으로 많이 보았던 풍경이라 그리 아쉽지는 않았다.

습도가 높아서 힘든 여정이었지만 베트남 커피가 유명한 콩 다방으로 가서 시원한 커피 한 잔으로 피로를 풀었다. 딸아이는 밥은 먹지 못하면서 커피를 마시고 조금 기운을 차리는 듯했다. 베트남 커피가 유명하니 많이 사고 싶었지만 비싸도 너무 비쌌다. 주변에 나눌 만큼만 샀다.

베트남에서 1시간 45분 비행기를 타고 캄보디아로 향했다. 동남아 여행이 처음인 딸아이가 그래도 베트남보다는 냄새가 덜 난다며 견딜 만하다니 다행이었다. 큰딸은 어디에도 적응을 잘하여 신경 쓸 일이 없는데 작은아이는 힘들어하여 괜히 더운 나라로 왔나 싶었다. 아이들은 가까운 일본 여행을 원했는데 앙코르와트에 가보고 싶은 내 욕심 때문에 이쪽으로 와서 아이들 고생시키는 것 같아 미안하기도 했다.

추울 때는 더운 나라로 여행하는 거라더니만 너무 더워서 지칠 때가 많았다. 다행히 저녁이면 호텔에서 두 딸과 남편이 술 한잔하면서 평소에 나누지 못했던 대화도 나누었다. 함께 살던 때의 부녀지간을 보는 것 같았다. 서로 챙겨주고 위로하며 속내를 나누니 나름 보기 좋은 장면들이 연출되기도 했다.

우리 딸들은 나를 닮아서 애교가 없다. 속정은 깊으나 평소에는 아버지와 이야기도 잘 하지 않는다. 결혼 전에도 직장에 갔다 오면 그냥 인사만 하고 제 방으로 들어가 버리는 무뚝뚝한 성격이었다. 본래 딸은 아버지와 잘 지낸다는데 무뚝뚝한 성격들 때문에 여행 가서 어떻게 할지 내심 걱정이었는데 서로가 속을 터놓고 화기애애하게 지내는 모습을 보니 안심이 되었다. 이번 여행이 계기가 되어 한국에 돌아가서도 서로 마음을 표현하고 지냈으면 하는 바람이었다.

앙코르 왕국은 찬란했다. 신들을 위해 건설된 고대 건축물, 화려한 문화유산 앙코르와트는 12세기 초에 앙코르 왕조 중 가장 풍요로운 전성기를 이룬 수리아바르만 2세가 힌두교의 비슈누 신과 한 몸이 된 자신의 묘로 사용하기 위해 건립했다고 한다. 돌에 새겨진 조각들이 선명하게 생활사를 그려 놓기도 했다. 오래전에도 저렇게 아름다운 조각으로 묘를 만들었다니 감탄이 절로 나왔다.

오래되어 부식되어서 떨어져 나간 부분들이 많아서 아쉬웠다. 역사의 한 페이지를 감상하고 있는 이 순간을 즐기고 있으니 여행 오길 잘했다 싶었다. 인도의 타지마할도 무굴 제국의 5대 황제 부인인 뭄타즈 마할의 무덤이란다. 무덤이라기보다 궁전이었다. 세월에 닳은 흔적은 뚜렷해도 잘 보존된 상태를 보니 어느 곳이든 역사적인 유물은 세심한 관찰과 보호가 필요하다고 생각했다.

무더운 날씨에 아이들은 힘들어해도 살아생전에 또다시 올 수 있을까 하는 마음으로 열심히 설명 듣고 다녔다. 문득 남편과 딸아이들과 함께 보내는 순간이 감동으로 밀려오곤 했다. 딸아이들도 우리와의 여행이 즐거운 추억으로 남았으면 하는 바람이다. 아이들과 함께하는 시간 내내 참으로 고마웠다.

평소에 가보고 싶다고 지나가는 말로 했던 소리를 잊지 않고 여행지를 골라 선물해 준 딸들이 기특했다. 직장 일로 시간 내기도 어려웠을 텐데 긴 시간을 할애해 아이들이 준비한 엄마를 위한 프로젝트, 모녀 테라피. 이 세상 떠나는 날까지 두고두고 잊지 못할 아름다운 추억으로 간직할 것이다.

술타령

 아이고 허리야, 텃밭에서 고추를 따다가 허리를 펴면서 저절로 튀어나온 소리다. 물도 마실 겸 잠깐 쉬면서 전화기를 보니 부재중 전화가 와있었다. 친한 지인의 전화였다. 매일 만나거나 수시로 통화를 하던 사이인데 며칠 소식이 뜸하기에 연락을 해 볼까 하던 차였다. 무슨 일이라도 난 건 아닌가 싶어 전화를 걸어봤다.
 "어디고, 집에 있나? 내려가면서 부추 좀 줄까?"
 "집이기는요, 형님! 우리 아저씨 저승 갔다 왔어요."
 가슴이 철렁하여 무슨 소리냐고 물었다. 그녀의 남편은 갑자기 자다가 피를 토하고 쓰러졌다고 했다. 구급차를 불러 응급실에 갔더니 위 속의 핏줄이 터졌다고 해서 급하게 시술을 하여 괜찮아졌단다. 조금만 늦었어도 큰일 날 뻔했다고 한다. 그 소리를 들으니, 까맣게 잊고 있던 아버지가 생각났다.
 육십여 년 전 일이다. 아버지는 의사의 처방도 없이 오랫동안 식용 소다를 복용했다. 결국 위에 구멍이 나서 주무시다가 피를 토하며 세상을 떠나셨다. 민간요법에 의존하여 살아오신 옛 어른들, 지혜로운 방법도 많이 있었지만 지금 생각해 보면 미련하기 짝이 없는 일이다. 소화가 안 되면 바늘로 손가락을 따기도 하고 내 손이 약손이라 하고 배를 문지르기도 한다. 믿을 수 없는 민간요법도 얼마나 많은가. 아버지의 병도 요즈음 의술이면 살 수 있지 않았을까 싶다.

아이들이 유치원에 다니던 젊은 시절이다. 남편도 피를 토하고 혈변을 본 일이 있었다. 병원에 가서 위내시경을 하였더니 의사 선생님이 나에게 내시경을 들여다보라고 한다. 산수화 그림 속의 폭포처럼 피가 흘러내리고 있었다. 놀라서 의사 선생님을 쳐다보니 출혈성 위궤양이라며 큰 병원에 가서 입원 치료를 하라고 한다.

놀란 마음을 진정하고 부랴부랴 입원시켰다. 남편은 이십여 일간 물 한 방울 넘기지 못하고 링거에 의존하고 있었다. 또 한 번의 내시경을 하면서 조직검사를 했다. 궤양이 아닌 더 큰 병이 있지 않나 싶어 내심 걱정이 되었다. 궤양이 너무 커서 양성인지 악성인지 조직검사를 하는 것이다. 악성이라면 암을 말함이라니 가슴이 철렁하여 병실에 들어갈 수가 없었다.

올망졸망한 아이들을 셋이나 두고 암이라는 진단을 받으면, 앞으로 살아갈 길이 막막해서 하늘이 무너진다는 표현도 부족하리만큼 낙심이 되었다. 무엇보다 남편에게 뭐라고 해야 할지, 겨우 미음을 넘기는 상태인데 충격이 클 것 같아 아무 말도 하지 못했다. 몇 시간 고심하며 병원 주변을 배회하다가 병실에 갔더니 남편은 눈치만 보고 있는 것 같았다. 결과는 일주일 후에 나온다고 했지만, 집에 가고 싶다는 남편의 고집으로 서둘러 퇴원했다.

집에 와서도 아무 말도 하지 못했다. 남편의 충격이 얼마나 클지, 나는 또 어떻게 살아가야 할지 심란함이 꼬리를 물었다. 암일지도 모른다고 생각하고 있다가 아니면 기쁠 것이고 암이면 역시 암이구나 하고 가볍게 받아들이지 않을까 싶어서 고민 끝에 말을 하기로 결심을 굳혔다. 저녁에 조직검사를 하게 된 이유를 얘기하였더니 남편은 고개를 떨구었다. 그 모습을 보고 가슴이 미어지고 눈물이 핑 돌았지만 꾹꾹 눌러서 참았다.

젊어서 혼자되신 어머니의 고생을 보며 자라온 나였다. 혼자 아이들을 키워야 할지 모른다는 생각에 정작 남편보다 더 큰 충격에서 벗어날 수가 없었다. 집 안에 흐르는 침묵을 견디기 힘들어 주절주절 경황없는 말을 늘어놓았다. 남편이 환자가 아닌 것처럼 평소의 모습을 대하는 듯 대화를 주고받으며 떠들며 지냈다.

검사 결과를 기다리는 일주일이 일 년인 듯 길었다. 초조한 마음으로 결과를 보러 갔더니 수간호사가 뛰어나오며 "다행입니다. 양성입니다." 하고 반겨주었다. 그 당시 너무 젊은 나이라 병원에서도 걱정을 많이 했다며 의사 선생님과 간호사들도 함께 기뻐해 주었다. 그 기쁨을 뭐라 표현할까. "오늘 나도 술 한잔해야겠다." 농담 같은 말을 던지고 남편 몰래 기쁨의 눈물을 흘렸다. 의술이 좋으니 남편은 살 수 있었다. 아버지도 지금의 의술이 있었더라면 살아계실지도 모른다.

 남편은 하루도 빠지지 않고 술을 마시는 애주가다. 어느 날 황달 증세를 보였다. 나는 걱정이 되어 병원에 가보자고 했다. 직장 일이 바쁘다며 시간 날 때 간다던 남편은 혼자 병원을 다녀왔다. 아무렇지 않게 남의 말 하듯 간염이라고 소식을 전한다. 빨리 입원하자고 했더니 큰 병 아니니 입원을 하지 않겠다고 고집을 부렸다. 며칠 외래진료를 다녀오더니 의사 선생님이 입원하란다고 했다.

 몇 년을 밥 대신 죽으로 살려 놓았는데 또 입원이라니 기가 막혔다. 간에 고단백질이 좋다 하여 미꾸라지를 매일 약탕기에 달여서 병원으로 가져갔다. 또 인진쑥이 좋다 하여 매일매일 끓여서 먹였다. 한 달이 지나도록 황달이 완전히 빠지지 않았지만, 병가기간이 지나 어쩔 수 없이 퇴원했다.

 퇴원하고 동네 병원에 인사하러 갔더니 다른 병원에 한 번 더 가보라고 했다. 급히 다른 병원으로 가서 다시 입원하였다. CT 촬영을 하니 담도에 돌이 있어서 담즙이 빠지지 않아

황달 증세는 그대로이고 간도 더 나빠졌단다. 기가 막혔다. 다시 입원하고 쓸개 내시경을 하는 사이에 돌이 빠졌는지 황달기가 깨끗이 나아서 퇴원했다. 동네 병원에 인사차 또 들렀다. 다 나았으니까 하는 말인데, 병원에서는 쓸개암으로 진단 내렸다고 전해주었다.

위암, 쓸개암, 두 번의 암 선고는 오진이었다. 세상에 한 번도 아니고 두 번씩이나 오진하여 사람을 놀라게 했다. 이젠 의사도 믿을 수가 없다. 술 때문에 놀랐던 생각을 하면 남편도 이제는 술을 줄일 때가 되었건만 여전히 즐겨 마신다. 지인의 남편 증세를 듣고 아버지와 남편의 증세와 같아서 더 놀랐다.

꼭 술 때문만은 아닐 수도 있다. 몇 차례의 입퇴원을 했던 남편에게 이 일이 계기가 되어 술을 좀 줄였으면 하는 바람이다. 살아온 날보다 남은 삶을 위해 절주가 정말 필요한데, 그것이 잘 안되는 모양이다. 그 부인이 얼마나 놀랐을지 생각하며 이제는 같은 병을 앓는 사람이 없기를 소원해 본다.

남편의 전화벨이 요란하게 울린다. 또 술 약속을 잡는 모양이다. 매일같이 나가다가 집에 있으면 오히려 안 나가냐고 묻게 된다. 술 취함에 익숙해져서 무뎌진 감정인가 오늘도 남편의 술 약속을 내가 기다리고 있다. 현관문을 나서는 남편의 뒷모습을 보며 저 술타령은 언제 끝날지 속으로 중얼거려 본다. 미워도 미워할 수 없는 측은지심으로 남편을 바라본다.
   아직도 이팔청춘인 줄 아느냐, 나이 생각하고 술 좀 그만 마시라, 쓴소리 한마디 하고 돌아선다. 하지만 내심 오늘 저녁밥은 차리지 않아도 되겠구나, 마음이 편해지는 것은 무슨 까닭일까. 창밖을 보니 오늘따라 하늘에는 유난히 별들이 많다. 나도 어느새 나이가 드는 모양이다. 이제는 남편에게 술타령을 그만하고 싶다.

아리랑 고개

기억이 희미해진 엄마 손 잡고
찾아간 아리랑 고개
달라진 모습에 두리번거리며
여가 어데고?
극장이가?
간판이 참 많데이

웹툰 거리를 보고 영화 포스터인 줄 아시는 울 엄마
신성일 엄앵란도 아니고 저 사람들은 모르겠다
엄마의 기억은 50년 전에서
멎고 세월은 멈추지 않고 달렸다

피난민들의 언덕이 되어준 성북시장
웹툰 작가들이 그린 벽화
점포의 문에도 그려진 그림을 보고
울 엄마 그 시절 떠올린다
다시 찾은 아리랑 고개에서
추억에 젖는다

정란각

정란각에 오르니
버선발로 반기는 애란

수줍게 피어
눈시울 빨갛게 물든다

옛 발자취 더듬어 보니
어느새 산수연이 되었나

천리만리 향을 올려
이역만리 띄운 편지

천지에 향은 가득한데
떠난 임은 화답이 없다

3부

경자에게 5

나이 들어 가니 삶에 대한 생각이 깊어지는 건지 깊어져서 마음이 무거워지는지 모르겠다. 지혜라기보다 경험에서 알게 되고, 삶이 불확실한 것도 알겠고, 뒤돌아보면 후회만 남는 게 인생이란 걸 알겠더구나. 아침밥 맛있게 먹어라. 손이 많이 가는 만두는 만들지 말고 마트에 가서 사서 먹고. 오늘도 힘차게 하루를 보내길 바란다. 나는 꿀잠에 들어야겠다.

좋은 글 보내줘서 고마워. 실천을 못 하니 무슨 소용이 있겠느냐마는. 가끔 남을 위해 기도를 하기는 하지만, 잊어버릴 때도 있어. 나는 포기가 빠르지만 가끔은 미련이 남기도 해. 아침저녁으로는 제법 쌀쌀한 기온이다. 오늘 저녁에는 무청, 멸치와 땡고추 넣어서 시래기찜을 부글부글 지져서 먹었다. 우리 영감이 감기 기운이 있어서 따뜻한 찌개를 했더니 내가 더 잘 먹었다.

나이가 드니까 여기저기서 아프다는 말들이 들리네. 숙이가 매일 주사를 맞으며 주삿바늘을 꽂기 위해 혈관에 심어둔 주사기 때문에 그 자리가 곪아서 고생했단다. 나이 들어 병 하나쯤은 친구 삼아 같이 간다니까 그러려니 하고 살자. 너도 몸 아끼고, 나도 그동안 너무 몸을 아끼지 않아서 더 아픈 것 같아 후회로 남는다. 오늘도 행복한 하루 보내라.

경자에게 6

 가을 없이 겨울이 바로 올 것 같다. 나 역시 사진 찍는 것은 사양한다. 못 봐주겠더라. 내 꼴이 하도 우스워서 안경으로 반쯤 가리고 찍는다. 가끔은 마스크로 가리고 다닌다. 요즘 또 잠을 못 자서 오늘은 일찍 누워봤다. 너의 하루가 편안하길 바라며, 네가 글자를 빼먹어도 나는 다 알아본다. 너는 참 대단하다. 한글을 안 쓰는데 틀린 글자가 없네. 역시 내 친구 최고다.

 이제 서로 건강 하자고 안부 카톡이나 보내는 나이가 되었다는 게 서글프지만 그래도 우리 서로 건강 걱정해 주며 살자. 스스로 아끼며 사랑하고 살자. 너 말대로 하루 한 끼만 먹으면 삼식이라는 이름도 없을 텐데, 그래도 잘 먹고 잘 자고 잘 내보내면 그게 제일이다. 우리 나이에는 다른 것 다 소용없고 건강이 최고 아니겠니. 나는 약속이 있어서 나간다. 너는 잘 자거라. 꿈에서 한번 볼까? ㅎㅎ

 나이는 숫자에 불과하다지만, 늙지 않고 익어간다고 했지만, 아니더라. 늙어가고 있더라. 숫자에 불과한 것이 아니고, 부담스럽게 높은 숫자더라. 늙지 않는 마음이라고 몸도 안 늙는다고 착각하지 말고 살자. 아프지 말자고 말하고 있지만 안 아플 수가 없으니 조금만 아프자. 너는 화단에 물 주고 꽃들과 놀겠구나. 모기에게 헌혈하지 말고 단단히 해라. 요즘은 마음이 약해졌는지 울적할 때가 있다. 곁에 없는 사람들이 보고 싶기도 하고.

경자에게 7

가끔 실수해야 사람답다고 하더라. 너무 완벽하면 재미가 없단다. 나는 돈도 안 드는 카톡만 보내는데 너에게서 좋은 친구라는 말을 들으니 몸 둘 바를 모르겠다. 그래서 고맙기도 하지만 미안하기도 하단다. 어디에서든 건강하게만 살자. 늙어 보니, 몸이 아파 보니 건강이 제일 중요하더라. 내가 좋으면 상대두 좋더라 모나게 살지 말고 둥글둥글 살아가며 이해 못 할 것도 없는데. 이론은 알면서 실천이 안 되는 게 또 사람 사는 일이니.

얼마가 될지 모르는 앞으로의 삶 즐겁게 살자. 너나 나나 웃음이 많은 사람은 즐겁게 살아질 거다. 입춘이 지나 좀 따뜻해지나 싶더니 분리수거하러 나갔다가 추워서 후다닥 들어왔다. 따뜻하다가 추우니까 더 춥게 느껴지는 거 같다. 연일 기온이 영하로 내려가던데 넌 또 화단에 나갈 준비를 하니? 거기는 아침 먹을 시간이구나. 오늘도 힘내라. 나는 트로트 경연 좀 보고 자련다.

경자년 새해가 밝았다고 덕담들이 쏟아지게 들어온다. 이 년, 저년, 가는 년, 오는 년, 잘 지내라고 받아 보니 꼭 너를 욕하는 것 같아 기분이 나쁘다는 너의 카톡을 보고 한바탕 웃었다. 하필 경자(庚子)년이냐?

에스프레소

 처서가 지났다. 며칠 전의 불볕더위가 언제 그랬냐는 듯 아침저녁이 시원하지만, 대낮의 열기는 아직 뜨겁다. 조화를 부리는 날씨를 마다하고 모처럼 친구와 약속을 잡고 조금 일찍 카페에 도착했다. 코로나바이러스 방역원칙 때문에 마주 보고 차 한잔할 수 없었던 일이 당연한 듯 자연스럽게 거리 두기에 익숙해져 있다.

 창가에 자리 잡고 카페 안을 둘러본다. 노트북을 보며 무언가 열심히 적고 있는 청년이 있고 부동산 서류를 펼쳐놓고 업무를 보는 중년의 신사들도 보인다. 계절의 변화에 아랑곳하지 않고 민소매 차림으로 창가에 홀로 앉아 아이스 아메리카노를 마시는 긴 머리의 아가씨가 보인다. 갑자기 싸늘해진 아침 날씨에 호들갑스럽게 바바리를 꺼냈는지 팔에 걸치고 일어서서 나가는 이도 있다.

 시선을 돌려 창밖을 본다. 중앙대로에서 한 블록 들어간 곳인데 오가는 사람들이 붐비는 사거리다. 길가에 즐비한 가로 수 마로니에 아래에는 잎이 떨어져 나뒹군다. 기분 탓일까. 비록 예술가의 거리 몽마르트르 언덕에서 떨어지는 마로니에 잎은 아니지만, 가을 초입의 정취를 물씬 풍긴다.

 길 건너 맞은편에 '사거리다방'이 있다. 얼마나 자신을 드러내는 솔직하고 정확한 이름인가. 뜻을 알 수 없는 낯선 카페 이름이 빼곡한 거리에 당당히 '나 여기 이 자리에 있소' 큰소리치며 자리를 지키는 모습이 정겹다.

 '사거리다방'의 건너편에는 최근에 지었는지 크고 산뜻한 외양의 요양병원이 세워졌다. 공기 좋은 곳에 있던 요양병원들이 최근 들어 접근성이 좋은 대로변으로 옮겨오는 것을 심심찮게 볼 수 있다. 환자 대부분 누워 지내거나 혼자 외출하기 힘든 분일 텐데 가족들이 다녀가기 좋은 곳을 선호하는 탓일 거다.

 요양병원 뒤에는 초등학교가 있어서 하굣길의 거리는 재잘재잘 생동감이 넘친다. 맞벌이 부부의 아이들은 차량에 태워져 곧장 학원으로 갔을 테고, 엄마 손을 잡고 가거나 할머니의 손을 잡고 가는 아이들의 얼굴에는 응석받이 웃음이 묻어 있다. 가방을 메고 홀로 집으로 가는 아이들은 행여나 누가 데리러 오지 않았나, 거리를 두리번거리며 걷는다.

 고개를 돌려 옆을 보니, 맞은편에도 진풍경이 펼쳐진다. 초대형 마트가 떡하니 앉은 자리의 옆 길모퉁이와 카페 담벼락을 등에 업고 등 굽은 할머니들의 좌판이 펼쳐진다. 가지, 상추, 호박, 시들어진 호박잎 등이 초대형 마트와 묘한 조화를 이룬다. 신구 문물의 대립이 아니라 '허용'과 '포용'의 미학이랄까. 나도 모르게 슬며시 입가에 미소가 번지는 걸 느끼며 시선을 거둔다. 내가 앉은 곳, 이곳으로 눈길을 돌린다.

삼면이 유리창인 카페는 사거리의 풍경을 한눈에 담을 수 있어서 좋다. 창을 따라 낸 작은 처마 끝에서 거미줄에 걸린 낙엽이 매달려 뱅글뱅글 돌고 있다. 뎅그렁뎅그렁, 흔들리며 풍경 소리를 내는 것 같은 착각에 빠지며 사찰에 온 듯 편안함을 느낀다. 빈자리가 없을 정도로 꽉 찬 실내에 혼자인 듯 고요한 침묵에 잠기니 이 무슨 모순인지 모르겠다.

데스크로 가서 에스프레소 한 잔을 시키다. 아르바이트생이 "원액인데요?" 눈이 휘둥그렇다. 웬 늙은이가 이름만 보고 주문한 줄 알고 가르쳐주려는 듯 쳐다본다. "알아요." 말하고 웃으며 샷 추가까지 마친다.

10여 년 전에 이탈리아에 갔을 때다. 가이드가 에스프레소 맛을 보고 가라며 강력하게 추천하여 베네치아 산마르코광장 카페에서 커피값으로는 거금을 주고 우리 일행은 에스프레소를 맛보았다. 정말 입에 착 달라붙는 맛이었다. 분명 쓴맛이었지만 거기에는 단맛 짠맛 신맛 매콤한 맛까지 곁들여져 깊고 미묘한 맛을 느낄 수 있었다. 그 이후로 늘 에스프레소를 마신다.

비록 그때 그 맛은 아니지만 이탈리아에서 마신 에스프레소를 떠올리며 또 다른 맛을 즐긴다. 내 나이 고희를 지난 지 몇 해이니, 쓴맛 단맛이 담긴 커피와 같은 나이가 아닐까 싶다. 굴곡이 없는 인생이 있을까마는 굴곡에 놀라지 않고 잘 대처하며 살았던 것 같다. 달면 이래서 달고, 쓰면 저래서 쓰고. 그러려니 하며 살아온 인생이다.

오래전에 남편이 투자를 했다가 날려버렸다. 꼼꼼한 성격에 밤잠을 못 자고 괴로워하고 있어서 잊으라고 했더니 되레 나한테 화풀이를 했다. 내 복을 담을 수 있는 그릇이 종지만 한데 대야만큼 바라니까 넘쳐 가버리고 한 종지만 남지 않았느냐고. 대야에 담을 만큼 노력하고 고생했으니 잊으라며 또다시 달랬다. 이에 남편은 "절에 가지 마라, 절에 다니면서 이상한 소리만 한다."라며 다시 역정을 부렸다. 동업자의 달콤함에 속았어도 쓴소리는 듣기 싫어한다.

또 한 번의 시련이 왔다. 우리 집은 전세를 주고 남편의 직장 가까운 곳에 전세를 살았다. 내가 마음에 드는 집으로 가지 않고 나무 키우기 좋은 집으로 이사 갔다. 몇 년 후에 전셋집이 경매로 넘어가 전셋돈을 모두 날렸다. 또 한 번 당한 쓴맛이다. 사람보다 나무가 우선인 사람, 미웠지만 그 속인들 오죽하랴 싶어 아무 말도 하지 않았다. 그리고도 남편은 자잘

한 손해를 여러 번 봤다. 유흥비로 쓴 것도 아니고 잘살아 보려고 투자했다가 사기를 당했는데 무슨 소리를 할까. 마음이 저절로 비워졌다.

그런 후에 친구들과 술자리에서 그 일을 얘기하며 마누라가 바가지 긁지 않아서 참 고마웠다고 하더란다. 하지만 끝까지 사과는 하지 않고 큰소리만 치고 있다. 아직도 나무를 키우는 것이 취미인 사람이다. 건전한 취미 생활이다 싶어 자존심 세워주면서 그냥 간 큰 남자로 살게 한다.

에스프레소처럼 우선 쓴맛이 느껴지나 달콤함도 있는 게 우리네 인생살이다. 입안에서 오래 여운을 남기는, 한층 더 깊은 맛이 있는 우리 부부처럼 말이다. 인생의 쓴맛 단맛을 다 본 나이에 달콤함만 찾으며 살 수 없듯이 쌓이는 숱한 스트레스를 오늘도 이 작은 잔의 에스프레소로 날려 보낸다.

ㅎㅎㅎ

 향우회가 있어 지하철을 타고 가는 길이다. 카톡이 오는지 주머니 속 핸드폰이 연신 울려댄다. 가입한 모임이 많지 않은데도 단체 대화방이 여러 곳이다. 문인협회와 소규모 구성원끼리 만든 방과 오래전부터 해오던 모임에 가족들 모임까지 더하면 꽤 많은 편이다. 하루에도 한가할 새 없이 카톡 알림음이 울린다. 시도 때도 없이 울려대는 통에 진동으로 해놓고도 새로운 소식이 없나 싶어 금세 들여다보게 된다.

 메시지를 확인하고 있는데 딸들과 함께 있는 대화방에 단체 대화가 쉴 새 없이 터진다. [ㅁㅎㅅ?]이다. [무슨 말이냐?] 하고 물으니 [뭐 하심?]이라고 한다. 세종대왕께서 노하시니 제대로 쓰라 했더니 이번엔 [ㅇㅇ]라 답이 온다. 요즘 아이들이 쓰고 있는 줄임말과 초성으로만 쓰고 있는 말들을 보면 나는 시대에 뒤처지고 세상은 급속도로 빨리 변하는 느낌이다. 하긴 치매 예방이라는 이름으로 지인들이 보내는 초성으로 된 속담 풀이도 재미있게 맞춰보고 했으니 초성으로 쓰는 말이 영 나쁘기만 한 건 아니다.

　모임에 도착하였다. 1년에 한 번씩 열리는 향우회에는 늘 참가하는 분들도 있고 처음 오는 분들도 있다. 고향에서도 버스를 전세 내어 많이들 오셨다. 모두 반갑다고 인사들을 나누었지만, 솔직히 남편 고향 분들이라 별로 아는 사람이 없다. 그런데도 고향 향우회라 그런지 처음 만난 분들도 마치 오래된 지인처럼 익숙하다. 모두 같은 지역 말을 쓰니 친근감이 앞선 모양이다. 서로 반가운 마음에 인사를 나누며 흥이 무르익었다.

　향우 중에 문학박사님이 한 분 계셨다. 축사 끝에 말을 제대로 알고 쓰라며 겪은 이야기를 했다. 지인의 자녀 결혼식에 갔더니 사회 보는 사람이 신랑 입장을 알리며 "오늘의 장본인 신랑 입장이 있겠습니다." 하더란다. 장본인은 좋지 않은 일에 연루된 부정적인 표현이며 그럴 때 사용하는 말을 신랑에게 쓰더라며 절대로 말을 함부로 쓰면 안 된다고 하셨다. "오늘의 주인공 신랑 입장이 있겠습니다."가 정확한 표현이라며 주인공과 장본인에 대하여 말해주었다. 말이라는 것이 참 중요하다. 알고 쓰면 아름다운 것도 얕은 지식에 잘난 체 썼다가는 큰 낭패를 보기 십상이다. 정말 좋은 공부를 했다.

　누구나 쉽게 쓰는 말 같아도 듣고 보면, 또 하고 보면 실수가 적지 않을 것이다. 제대로 알고 써도 실수하기 쉬운데 약

자나 줄임말로 쓰면 오해를 부르기 쉽다. 미처 시대의 속도를 쫓아가지 못하는 이들이나 나 같은 노인들이 이해하기 어려운 말은 자칫 소외감으로 이어질 수 있다. 요즘은 TV에서도 줄임말을 많이 쓰고 있으니 모르는 사이 줄임말이나 새로 통용되는 언어들이 깊숙이 자리 잡은 모양이다.

　유난히 외래어를 섞어가며 말하는 사람들이 많다. 제대로 뜻을 알지 못하고 쓰니 마치 남의 옷을 입은 것처럼 보기에도 불편하다. 우리말도 바르게 표현하기 어려운데 외래어까지 섞어서 써야 하니 이래저래 말하는 것이 편하지만은 않다. 하물며 줄임말과 초성으로 수수께끼 맞추듯 머리를 싸매서 해석해야 하니, 자칫 뜻이 왜곡될 수도 있지 않을까 염려스럽다.

　향우회는 흥이 돌면서 분위기가 무르익어 갔다. 남편의 친구 부부들과 이런저런 이야기를 나누고, 무대에선 노래를 부르는 이들로 무대가 빌 틈이 없다. 테이블에서는 형님 동생 하며 주거니 받거니 술잔이 오고 갔다. 모두 분위기에 취해 정을 나눌 때 살며시 자리를 빠져나왔다.

　지하철을 탔다. 고개 숙인 사람들뿐이다. 손에는 휴대전화기를 들고 있다. 무엇이 그렇게 볼 게 많은지 딸에게 물어보니, 볼 게 많아서 보는 게 아니고 앞사람을 쳐다보고 있어야 하니 모두 전화기만 보고 있단다. 그럴 것도 같다. 눈을 어디에 두어야 할지, 그나마 일행이 있으면 옆을 바라보고 이야기라도 할 텐데 민망하기도 하겠다.

고개 들어 둘러보니 모두 휴대전화만 보고 있다. 딸들의 말처럼 민망함 때문인지 별 뜻 없이 핸드폰을 넘겨보는 이들도 있는 것 같다. 게임에 열중인 어른들도 있다. 치매 예방이라는 이름으로 사랑받는 '고스톱'은 보기에 좋지 않다. 집에서 즐기지 여러 사람이 이용하는 지하철에서까지 꼭 해야 하나 싶다. 예방이 아니라 저 정도면 중독이 아닐까 하는 생각이 든다.

돌아오는 내내 문학박사의 그 말이 뇌리에서 떠나지 않았다. 주인공과 장본인이란 말은 비슷한 말이라 별생각 없이 구분하지 않고 흔히 쓰는 말이다. 그 자리에 있던 분들도 모두 예사로 들었을 것이다. 그 차이를 알고 나니 앞으로 결혼식장에 가면 그 단어가 유심히 들릴 것만 같다.

새삼 늘 쓰는 우리말이 참 어렵다고 느껴진다. 특히 외국인들에게는 같은 발음에 여러 단어가 있으니 구분하여 쓰기가 얼마나 어려울까. 개인적인 의견이지만 초성으로의 대화도 좀 자제했으면 하는 바람이다. 'ㅇㅇ'은 예예, 오예가 될 수도 있고 응응이 될 수도 있다. 듣는 처지에서 해석해야 할 몫이 남는 셈이니 불편하기 짝이 없다. 자칫 예의 없거나 가볍게 비칠 수도 있다.

한글이 가장 과학적이고 아름다운 언어로 떠오르고 전 세계적으로 한국어 배우는 열풍이 불고 있는 지금이다. 그런데도 한글 파괴적인 이러한 세태가 완연하고 있으니 안타까운 노릇이다. 오히려 언어 파괴적인 행위가 마치 창의적인 언어 사용처럼 둔갑하여 환호하는 분위기니 더욱 염려스럽다. 자랑스러운 우리말, 한글이 제대로 쓰이길 바랄 뿐이다.

여전히 초성으로 대화를 주고받는 딸들에게 한마디 할까 하다가 웬 오지랖이냐 할 것 같아 말문을 닫는다. 또 줄임말로 주고받으며 자매간에 즐거워하는 분위기에 찬물을 끼얹고 싶지는 않다. 아이들은 모임에 잘 다녀오셨냐며 묻는다. 나 역시 잘 다녀왔다는 뜻을 담아 [ㅇㅇ]을 보냈다.

봄날

 학교에 들어선다. 겨울을 견딘 나무들이 연둣빛에서 초록의 빛을 더하고 있다. 추운 겨울을 지나는 동안 우듬지의 여린 싹들은 얼마나 더 자라 있을지 기대감에 사방을 둘러보니 모든 것이 한결 푸릇푸릇하다. 삼삼오오 거니는 학생들과 새 학기가 시작된 교정이 뿜어내는 싱그러운 향이 가슴까지 전해진다.

 한 학기를 쉬고 다시 시작점에 서 있다. 코로나19가 기승을 부리는 통에 두문불출하다시피 했다. 부정맥이 있어 마스크를 끼고 바깥 생활을 할 엄두가 나지 않았기 때문이다. 집에 있어도 마음은 콩밭에 가 있고, 혼자 책을 펼쳐도 몰입하기 어려웠다. 하릴없이 시간만 보내다가 초심을 찾아 다시 문을 두드렸다.

 오랜만에 강의실에 들어서니 반가운 얼굴들이 보인다. 낯익은 얼굴 사이로 처음 보는 사람들도 있다. 푸릇한 봄빛이라고 보긴 어려운 나이이건만 새로운 출발선에 서 있다는 기대만으로 환한 얼굴에 싱그러움마저 묻어 있다.

부경대학교 평생교육원에 등록하여 수필 강좌를 들은 지 몇 해 되지 않았다. 너무 늦지 않았나. 조바심 날 때도 있지만 종종걸음으로 달려와 앉으면 자리 하나가 나를 기다려준 듯 안도감에 가슴을 쓸어내린다. 늦깎이 학생이 책 한 권을 앞에 두는 것만으로도 십여 년은 젊어진 것 같다.

인생 이모작 농사가 쉬운 일이 아니다. '이 나이에' 하는 나이가 되면 누구나 망설여진다. 하지만 내일보다 오늘이 더 젊다고 하듯이 선택에 후회는 없다. 나이 들어 죽음에 이르면 존재했다는 사실조차 사라지는 게 인생이다. 하루를 열심히 살고 해거름에 바라본 해넘이가 참 좋구나, 떠올려보는 순간이 어찌 소소한 일상이라 할 수 있는가. 소소(小小)한 게 아니라 소소(素素)한 게다.

첫 수업이 시작되었다. 자기소개 할 차례다. 다시 수강한 학생들은 서로 얘기도 나눈 사이라 제자리에서 간단하게 한다. 반면 신입생들은 앞으로 나가 자기소개를 한다. 얼추 인사가 끝나고 수업이 시작될 무렵 지각생이 도착했다. 얼굴이 낯선 걸 보니 신입생인 모양이다. 교수님이 앞으로 나와서 인사를 하라고 했더니 어디에 사는 누구라고 간단하게 소개하고 들어갔다.

교수님의 열띤 첫 시간 강의가 끝나고 쉬는 시간이 되자 못다 한 인사를 나눈다. 2교시가 시작되자 지각생이 인사를 다시 하겠다고 앞으로 나간다. 올해 나이가 한 살이라고 한다. 61세 환갑이란다. 수강 신청할 때 본인이 제일 나이가 많을 것 같아서 젊은이들과 수업한다고 걱정하고 왔는데, 자기보다 나이 많은 사람이 많아서 너무 좋단다.

나도 모르게 '좋을 때다'라는 말이 입에 고였다. 나보다 십 년도 더 넘게 젊으니 부러움의 탄식이랄까, 어른들이 하던 말을 하고 있으니 나도 꽤 나이가 든 모양이다. 환갑 때 무얼 하며 보냈을까. 어떻게 살아왔는지 기억이 가물가물하다. 돌이켜 보니 자식들한테 보탬이 되려고 손주들 키우느라 나만의 시간을 가질 여유가 없었던 때였다.

이제는 시간적인 여유가 생겼건만 몸이 따라주지 않는다. 건강할 때 이것저것 하고 싶은 걸 하며 지낼 걸 하고 생각해 보지만 소용없는 일이다. 바람처럼 휙 지나간 세월만 문득문득 원망해 본다. 그나마 이제라도 너무 늦지 않아서 다행이라며 가슴을 토닥인다.

인사를 마치고 들어오는 신입생의 얼굴이 발갛게 상기되어 있다. 머리 희끗희끗한 초로의 학생 얼굴에도 봄빛이 완연한 듯 푸릇푸릇하게 보인다. 부러움이 가득한 미소를 보냈다. 나보다 좋고, 젊고, 예쁘고, 씩씩한 모습을 보는 소소한 일상의 즐거움을 어디에서 누릴 수 있을까. 참으로 잘 왔다 싶다.

계속 공부를 이어가나 끝까지 완주하지 못하는 이도 있다. 강의 듣는 건 좋으나 수필 쓰기가 어렵다며 중도에 그만두는 이도 있고 사업상 시간이 맞지 않아서 자주 결석하는 이도 있다. 건강을 이유로 포기하는 이도 있었다. 자세한 사연은 알지 못하나 참석 못 할 일이 있을 거라 여긴다. 공부가 늦음을 한탄하다가도 오래 못 하는 사람을 보면 계속 배울 수 있어서 다행이라며 가슴을 쓸어내린다.

우리 반에는 비교적 젊은이들이 많아 더 좋다. 마찰을 피하여 줄을 타면 기타는 더 청명한 소리를 내고 아름다운 음악을 들려주듯이, 여러 연령대가 모여서 그런지 이해의 폭이 넓어 크고 작은 소리 없이 화기애애한 분위기다. 열정적으로 강의하시는 교수님과 젊은 학우들 덕분에 피곤한 줄도 모르고 학교로 향한다.

매일 맞이하는 아침 햇살이 새삼스레 따사롭게 느껴지는 건 하얗게 세운 지난 밤 때문일까. 수필 한 편 완성하려고 밤새 컴퓨터 앞에서 글과 씨름했다. 창밖에 부연 아침 햇살이 비칠 때까지 글을 제대로 쓰지 못했다. 그래도 끝까지 물고 늘어진 덕분에 한 편은 마무리했다. 세상만사 원하는 대로 되지 않는다지만 글로 하룻밤을 지새우고 나니 마음대로 못 할 일은 또 어디 있나 싶다. 덕분에 여러 권의 책을 낸 작가들에게 존경을 표하며 아침을 맞았다.

밤을 지새워 그런지 눈이 뻑뻑하다. 교수님은 마음 편하게 쓰라고 하지만 초보자에게는 글 한 줄조차 언감생심이다. 하얀 화면은 아무것도 없는 세상, 모니터 화면에서 깜빡이는 커서가 얼른 뭐라도 쓰라고 다그치지만 나 역시 고집스럽게 노려보기만 한다. 늘 그런 식이다.

원고 마감이 머지않았는데 마음이 무겁기만 하다. 엉겁결에 작가라는 이름을 얻었으니 작가로 멋있게 쓰고 살고 싶은데 도대체 나는 자랑할 만한 글이 없는 것만 같다. 좋아하는 일을 하면 머리에 까치집을 지어도 모른다고 한다. 까치집을 이고 살아도 모를 정도로 글 속에 묻혀 살고 싶지만 늘 안갯속에 빠져 헤맨다. 하루이틀 그렇게 하다 보면 어느새 해가 저문다.

봄날에 피는 꽃을 막을 수 있을까. 공부에 여념이 없는 문우들을 본 후, 고개를 돌려 창으로 드는 저녁노을과 바람에 흩날리는 나뭇가지를 본다. 내가 포기하지 않는 이상 작가로서의 내 삶은 현재진행형이다. 미완의 글을 앞에 두고 있는 지금이 내 삶의 봄날이라 여기며 저 나무들처럼 더 푸르게 더 알차게 봄날을 즐기리라 다짐한다.

덤

 민생지원금이 도착했다는 알림을 받았다. 마침 냉장고에 먹거리가 떨어져 식료품을 사려고 마트에 갔다. 마트에는 평소보다 많은 사람으로 북적였다. 코너마다 하나를 사면 하나 더 준다는 말로 꼬드겼다. 우선은 대략 훑어보고 다시 꼼꼼히 따져 사려고 마트를 돌며 아이 쇼핑을 했다. 가는 곳마다 손해 보고 파는 것이 아닌가 싶을 정도로 두 개를 붙여놓고 하나 가격만 내라고 유혹하고 있었다.

 정찰가격 제가 되면서 조금 더 얹어주던 기분 좋은 덤의 의미는 사라지고 원 플러스 원이라는 파격적인 말이 생겼다. 말만 들어도 공짜로 받는 것 같아 기분이 좋아지니 사려던 생각이 없다가도 저절로 눈길이 간다. 어쩌다 운이 좋아 사려던 것을 싸게 구입하면 큰돈이라도 벌어들인 것처럼 하루 내내 가슴 뿌듯해진다.

 시장의 가격이 이렇다 보니 인터넷이나 홈쇼핑에서 제값에 사면 왠지 손해 보고 사는 것 같은 기분이 들 때도 있다. 그래서 꼼꼼히 잘 따져보고 사는 아이들에게 부탁하기도 한다. 요즘 젊은이들은 성분과 품질을 꼼꼼히 비교해 보고 좋은 물건들을 찾아내어 싸게 산다.

인터넷쇼핑몰에서 원 플러스 원 또는 투 플러스 투로 묶어 파는 제품들을 사서 나눠 가지기도 한다. 가성비를 따지며 물건값을 저울질하여 최고의 품질에 최저 가격을 골라내는 건 기본이다. 내 나이 또래 사람들은 오로지 재래시장에서 깎아가며, 덤으로 하나 더 주면 고맙다고 인사하고 온다. 마치 그것이 사람 사는 맛이라는 걸 증명이라도 하듯이 말이다.

물건을 모두 고르고 계산대에 섰을 때 난감했다. 매출이 높은 가게는 민생지원금 사용 대상이 아니란다. 허탈한 마음에 물건을 제자리에 두고 오고 싶었지만 코너마다 찾아 다시 놓고 오기도 번거롭고 다시 사러 가야 하는 일도 귀찮아서 계산하고 집으로 왔다. 무엇보다 원 플러스 원, 제품 위주로 샀으니 그 혜택을 포기하기가 쉽지 않았다. 덤으로 받은 민생지원금을 사용 가능한 곳인지 확인하지 않고 덥석 찾아간 것이 잘못이었다.

문득 정초기도 기간 때 도반들과 있었던 일이 떠올랐다. 정초 기도는 설을 보내고 곧장 시작한다. 한 해의 시작에 기도만큼 신성한 것이 있을까. 매일 절에 가서 가족의 안녕을 빌고 건강을 염원하며 한 해의 무사 안녕을 기도하니 사찰은 찾아온 도반들로 발 디딜 틈이 없다. 너도나도 한마음으로 자리에 앉는다. 경건하고 엄숙한 마음으로 간절히 부처님 앞에 엎드린다. 그러다 쉬는 시간이 되면 서로에게 덕담도 나누고 화기애애한 시간을 보낸다.

매일같이 만나는 도반들과 이런저런 이야기를 나누다 보면 모두의 다른 추억들이 쏟아진다. 산에서 찔레순 따 먹던 이야기, 밀 볶아 먹던 이야기, 솔순 따 먹은 이야기, 바다가 고향인 사람은 해삼, 멍게 잡아먹은 이야기, 아버지 고무신 가지고 나가서 엿 바꿔 먹은 이야기, 산에 가서 벌에 쏘인 이야기, 요즘 젊은 사람들은 모르는 이야기들로 꽃을 피웠다.

어릴 때 일이다. 심부름으로 뭘 사러 갔다가 심부름 와서 착하다며 사탕을 하나 주었는데 그것도 받지 못했다. 남이 주는 것은 절대로 받아오지 못하는 성격이었다. 어느 날 통영에서 부산으로 어머니와 함께 온 적이 있었다. 어두운 시절이라 뱃삯을 안 내는 사람도 꽤 있었다. 키가 작은 아이들은 아직 학교에 들어가지 않았다며 요금을 내지 않기도 했다.

뱃삯을 아끼려고 빨리 들어가라는 엄마 말도 안 듣고 못 들어가고 섰다가 돈을 내고 들어오는 엄마에게 눈치도 없이 못 들어갔다고 머리를 쥐어박힌 적도 있었다. 그런 것이 나에게는 큰 나쁜 짓이라고 생각했기에 덤으로 주는 사탕도 못 받아먹는 바보였다. 지금 주면 잘 받아먹었을 텐데.

어린 시절 어른들이 들일을 나가고 나면 마을은 텅 빈 것 같다. 아이들도 따라 일을 가서 몇 남지 않은 아이들이 모여 놀며 집을 지킨다. 그럴 때 유혹의 엿장수 가위 소리가 들린다. 철거럭철거럭 가위를 치는 소리에 아이들은 우르르 몰려가 하얀 가루분이 묻은 엿 통 앞에서 침을 삼킨다.

엿장수의 몇 마디에 일제히 집으로 달려가 자루 빠진 호미와 찌그러진 냄비 등을 들고나온다. 어떤 친구는 아버지 낡은 고무신을 들고 와 엿을 바꾸어 먹은 적도 있다. 모두 단맛에 취해 한나절은 꿀맛 같았지만 집으로 돌아온 부모님께 혼이 나기도 했다. 지금처럼 풍요롭지 못한 세대들의 이야기다.

이런저런 이야기 끝에 한 도반의 어릴 적 이야기가 나왔다. 명절에 찹떡을 먹다가 목에 걸려 죽을 뻔했다고 한다. 급하게 어른들이 등을 두드려 튀어나왔는데 앞에 있던 개가 주워 먹고 죽어버렸다고 한다. 개가 대신 죽었다고 그때부터의 자신에게 주어진 삶은 덤이라 생각하며 감사한 마음으로 산다고 말했다.

내 몫이라 생각한 것보다 더 많은 것이 주어진다니 얼마나 좋은가. 시장통에서 콩나물 한 줌 더 얹어주어도, 상처 난 과일 하나 더 받아도 고마운데 하물며 목숨을 덤으로 받았다 생각하니 참으로 큰 덤을 받은 셈이다. 〈전설의 고향〉에나 나올 법한 이야기라고 모두 한마디씩 거들었다.

돌이켜 보면 나 역시 살아오면서 덤으로 얻는 것이 꽤 있었다. 받은 줄도 모르게 받고 감사했던 적도 많았고 뒤늦게 깨닫고 고마움을 전한 기억도 있다. 많은 사람들이 병마와 싸우다가 완치 판정을 받으면 새롭게 다시 태어났다고 덤으로 새로운 삶을 살고 있다고 말한다. 우리는 헤아릴 수 없이 많은 덤을 받으며 모른 채 살고 있다.

　나 또한 갑자기 발병하고 나서 낙담에 빠져 있다가 병을 치유하고 나니 그런 생각이 들었다. 지나온 세월들은 바쁘게 살아왔지만 이제 이 나이에 바쁘게 살지 않아도 시간은 저절로 바쁘게 지나가고 있으니 남은 생은 덤이라 생각하고 살기로 마음먹었다. '세월아 너만 가거라. 나는 좀 쉬었다 갈 거다.'라는 노래 가사처럼 모두의 시간이 더디게 흐르기를 바라지만 세월은 기다려주지 않는다. 덤으로 받은 민생지원금 덕분에 냉장고 가득 물건을 정리해 놓고 지난 시절을 회상해 본다.

라떼는 말이야

　내일은 강원도 화천에서 훈련받는 손자의 수료식 날이다. 딸아이 내외와 함께 손자를 보러 간다. 사위가 오전 근무를 마친 후 출발 예정이라 여유가 있지만 1박 2일 동안 가족들이 먹을거리를 준비하니 신경이 쓰여 나도 모르게 서두르게 된다. 새벽부터 부지런히 움직여도 일이 끝나질 않는다. 오랜만에 가족여행을 가듯이 한껏 부풀어 오른다.

　가을이라지만 낮에는 아직 덥다. 아이가 좋아하는 메뉴로 맛있게 먹는 모습을 그리며 며칠 전부터 재료를 사서 나르고 손질해 두었다. 갈비찜, 생선전, 잡채 등 부엌에서 음식 만드느라 연신 흐르는 땀을 훔치고 있으니 남편이 "가서 사 먹으면 되지." 한다. 나는 마이동풍처럼 남편의 말을 한 귀로 듣고 흘린다. 거들어주지 않을 거면 가만히 있는 게 도와주는 거라는 마음속 말을 삼키고 전을 굽고 고기를 볶아서 담았다.

　트렁크에 음식을 싣고 집을 나선 시각이 오후 네 시경이다. 출발할 때 잔뜩 끼어있던 먹구름이 비가 되어 후드득 내리기 시작한다. 시원하게 뚫린 고속도로이지만 워낙 먼 길을 가는 거라 여간 걱정스럽지 않다. 이어지던 대화가 간간이 끊어질 때도 딸과 사위, 남편과 나는 한 명의 군인을 생각하며 추억을 떠올리느라 가슴 설레는 표정이 역력하다.

 단양팔경휴게소에서 준비해간 도시락으로 저녁을 먹고 다시 부지런히 달려간다. 어둠에 싸인 빗길에 바깥의 아름다운 풍경은 볼 수가 없고 시커먼 산만 획획 지나간다. 멀어도 너무 멀어 여행 가듯이 설레던 마음은 사라져 버렸다.

 숙소로 잡은 펜션에 도착했을 때는 밤 열 시가 지나 있었다. 산골 깊숙이 자리한 조용한 동네다. 주인 부부가 반갑게 맞아주었고, 한 달이 조금 지난 강아지들도 줄줄이 나와서 덩달아 꼬리를 흔든다. 약주를 좋아하는 남편은 동지를 만난 듯 펜션 주인과 술판이 벌어졌다. 장시간 운전해 온 사위를 쉬게 하면 좋으련만 술 고픈 남편은 위세를 부리듯 사위를 곁에 두고 웃고 떠들어댄다.

 첫 손자 면회 가는 길이다. 새까만 눈동자에 동글동글 깎아 놓은 알밤같이 예쁜 아이다. 딸이 직장을 다녀서 태어나자마자 내 손으로 씻기고 먹이며 키웠다. 할머니 손에서도 잘 울지 않고 순하게 자라 주었다. 절에 데리고 가면 도반들의 귀여움을 독차지하던 모두의 손자였다. 할머니가 아닌 젊은 도반들을 어김없이 할머니로 부른 괘씸한 귀염둥이였다. 그런 아이가 어느새 훌쩍 커서 군인이 되었다니 감개가 무량하다.

아이가 유치원 다닐 때였다. 우리 동네에 꽤 크고 좋은 집이 있었다. 제 눈에도 그 집이 좋아 보였던지 "할머니 나중에 제가 돈 많이 벌어서 저 집 사드릴게요." 했다. 차도 좋은 거 사준다 했다. 다 커서는 "제가요?" 한다. 할머니에게 남발한 공수표이지만. 포부가 커서 자랑하고 다녔다. 아이와의 추억을 떠올리니 피곤함이 싹 가셨다.

밤새 내리던 비는 새벽에 다행히 그쳤다. 밖에 나가 보니 꽤 넓은 논과 밭이 펼쳐져 있다. 논에는 벼가 누렇게 익어서 고개를 숙이고 밭에는 들깨가 내 키를 훌쩍 넘기고 있다. 최전방 아래라고는 생각할 수 없을 만큼 평화로운 동네다.

간단히 아침을 먹은 후 우리 가족은 부리나케 부대로 향했다. 말 그대로 첩첩산중임에도 이미 많은 부모 형제들이 운집해 있다. 기다리는 동안 부대는 영상으로 아이들의 생활상을 보여주었다. 예전하고 다르게 자유롭고 여유로운 생활을 하는 것 같다. 많은 아이 중에 제 식구는 눈에 잘 띈다더니 똑같은 군복을 입어도 손자의 얼굴이 한눈에 들어온다.

수료식이 시작된다고 하여 운동장으로 나가니 벌써 아이들이 줄지어 대기하고 있다. 손자의 위치를 찾아보니 아이도 우리를 보고 있었다. 보기만 해도 목에서 뜨거운 것이 울컥 올라왔다. 어금니를 꽉 깨물었다. 꼬물꼬물 기던 아이가 벌써 군인이 되다니 참으로 대견했다. 무탈하게 잘 자라 주어 새삼 감사하다.

 군악대의 연주에 맞추어 태극기와 부대기가 입장하고 줄지어 있던 아이들도 구령에 맞추어 늠름하게 입장한다. 부모님들 앞에서 더 잘해야겠다는 마음에 한 몸같이 똑같이 하는 행동에 힘이 잔뜩 들어가 있다. 얼마나 많은 연습을 했는지 경례 자세가 각이 잡혀있다. 오늘이 지나면 5주 동안 동고동락하던 전우들은 각자의 소속부대로 흩어지게 된다. 쓰고 있던 베레모를 벗어서 하늘을 향해 던지고 서로 부둥켜안고 좋아하는 것으로 행사가 끝났다.

 수료식 기념촬영을 하고 주의사항을 들은 후, 군복이 너무나 잘 어울리는 손자를 데리고 숙소로 왔다. 부모 동반 면회 외출이다. 화천군을 벗어나면 안 된다고 거듭거듭 강조하니 다른 데 갈 수도 없다. 할머니, 하며 부둥켜안고 좋아하는 아이를 보니 멀리 온 보람이 있다. 준비해 간 음식을 남김없이 맛있게 먹어주니 몇 날 며칠 준비하고 하루 내내 빗길을 달려온 피로가 싹 가시는 것 같다.

 지난달에 데려다줄 때보다 아이가 한 달 사이에 어른이 되어있다고 사위가 몇 번을 이야기하며 대견해한다. 취미가 같아 친구처럼 지내던 두 사람은 그동안 못 한 이야기 나누며 한 달이 몇 년이나 지난 것처럼 웃음꽃을 피운다. 얼려서 간 커피

한 잔에 행복해하는 모습을 보니 안쓰럽기도 하다. 내가 이래도 되나, 싶다며 침대의 쿠션감에도 새로워한다. 모든 것을 처음 맞이하는 아이처럼 어색해하며 자유를 만끽하고 있다.

말수가 적은 딸아이는 아들 얼굴을 만지며 이것저것 궁금한 것을 물으며 먹을 것을 챙기느라 바쁘다. 엄마의 그런 마음을 아는지 모르는지 손자는 모처럼 받은 휴대폰만 가지고 논다. 친구들에게 연락하고 음악 듣고 너무 좋아 어떻게 할지 몰라 하며 들떠 있다. 군대 생활이 아무리 좋아졌다지만 집처럼 자유롭지 못한 게 사실이다. 그런 생활에 힘들어할 수도 있을 텐데 그런대로 잘 적응해 가는 것 같아서 마음이 놓인다.

남편은 남자라서 그런지 군대 후배를 만난 듯 옛 내무반 얘기며 동료들 얘기로 신바람이 났다. 할아버지 때는 36개월이었지만 지금은 18개월이니 잠깐이라며 아이를 다독거린다. 할아버지의 '나 때는 말이야'로 시작된 이야기가 남자들의 군대 이야기로 끝없이 이어진다.

훈련 기간에는 그렇게도 더디게 가던 시간이 면회 시간에는 어쩌면 이렇게 빨리 갈까 싶다. 한 시간이나 지났나 싶었는데 어느새 귀대 시간이다. 내일은 후반기 훈련장소인 홍천으로 간다고 한다. 4주간 훈련을 받은 후에 어디로 배치를 받을지는 알 수 없다고 한다.

손자는 부대 앞에서 경례하고 안으로 들어가고 우리는 발

길을 돌린다. 차 안은 한동안 침묵이 흐른다. 사위는 차창을 보며 눈시울을 붉히는 딸의 손을 슬며시 잡아준다. 모두 손자 생각에 말수가 적어지자 남편이 한마디 한다. "세상 참 좋아졌다. 나 때는 면회가 어디 있노? 우리 손자 사나이가 다 됐네." 또다시 라떼 타령으로 손자와 헤어진 아쉬움을 달래고 있다.

동구 곡곡

 동구문화원 글쓰기 수업을 들으러 갔다. 일반적인 글쓰기 강의와는 달리 종이와 가위를 주면서 접어서 잘라 보란다. 다른 사람과 다르게 사선으로 잘라서 펼쳐보니 다이아몬드 모양이다. 그 자른 구멍으로 들여다본 세상이 어떤지 표현을 해 보란다. 구멍을 통해 강의실 여기저기를 둘러보다 앞에 앉아 계신 남자의 흰머리가 눈에 들어온다. 뒷면의 나무색 벽지와 비교되어 더욱 하얗다.

 수업에 들어오는 이들의 평균 나이가 70이 넘는다. 고령의 어르신들이 글을 쓰겠다고 찾아오니 선생님은 정성이 가득 담긴 설명으로 수업을 이끈다. 처음 듣는 글쓰기 강좌에 자못 진지한 표정들이다. 나는 선생님이 이끄는 대로 눈에 보이는 대로 생각나는 대로 적었다. 까마득히 잊었다 싶었던 지난 이야기가 술술 나온다. 한동안 나오는 대로 옮기고 보니 어느새 발표하는 시간이다. 너나없이 가난했던 시절 이야기를 풀어 놓는다.

앞에 계신 흰머리 선생님이 작품을 발표한다. 선생님의 집은 아이들이 줄줄이 태어났고 부잣집이던 큰집에는 아들이 없어 선생님을 양자로 보내기로 어른들끼리 결정했다. 보내는 부모는 부잣집에서 배곯지 말라고 양자로 보냈지만 양자로 간 아이는 말할 수 없는 마음고생을 했다. 양부모가 아무리 잘해주어도 부모와 형제가 그리워 양자로 갔던 일은 후회로 남는다며 목이 멘다. 게다가 전쟁이 나는 바람에 산머루가 익을 때 데리러 오겠다던 아버지를 끝내 만나지 못하고 영영 이별한 설움에 눈시울 적신다.

몇 년 나이 차이가 있어도 비슷한 시대를 살았던 분들이니 저마다 옛 생각에 네 설움 내 설움 알 수 없는 회한으로 눈물 흘린다. 한 사람 한 사람 앞으로 나가 읽어가는 사연들도 저마다 풍년이다. 아무 걱정 없이 살았을 것만 같던 환한 얼굴에 남모를 서러움이 숨겨져 있을 줄 누가 상상이나 했을까.

마냥 슬픈 사연만 있었던 건 아니다. 처녀 총각 시절 풋사랑 이야기를 할 때는 모두 그 시절로 돌아간 듯 두 뺨에 홍조를 띤다. 표현이 서툴러 첫사랑과 이별한 이야기에는 안타까워 탄식을 터뜨렸다. 친구들과 몰래 옆 동네로 몰려가 연애하던 이야기에는 너도나도 끼어들어 거들었다. 모두가 연애담의 주인공인 양 웃고 즐거워했다.

내 차례가 왔다. 남들에게 말하지 않았던 엄마의 서러움을 썼다. 어릴 때는 그다지 깊게 생각하지 못했던 이야기들이었는데 글로 표현하고 보니 말할 수 없이 서러웠다. 어찌할 수 없었던 현실임을 알고 마음속에 꼭꼭 숨겨 왔던 아픔과 엄마에 대한 연민이 표현하고 보니 억누를 수 없을 만큼 터져 나왔다. 차마 읽을 수가 없어서 옆에 있는 친구가 대신 읽어주었다.

 이렇게 매주 수업이 이어져 오면서 글쓰기는 차츰 익어가고 있었다. 수업을 시작할 때는 작가의 꿈을 꾸었던 건 아니었지만 글을 쓰다 보니 조금씩 꿈이 생겼다. 모두 작가가 되어 이야기를 써 내려갔다. 이런 소소한 이야기가 입소문이 나서 KNN 방송국에서 취재를 나왔다. 즐겁게 수업하는 모습들과 숱한 사연들이 방영되었다. 졸지에 스타가 된 기분이었다.

 야외수업 역시 재미있었다. 동구의 숨은 명소들을 찾아다니며 몰랐던 동구의 역사를 속속들이 알게 된 것도 큰 수확이다. 드러나지 않은 이야기들이 잠들어 있는 곳들을 둘러보며 다음에 탐방할 곳이 기대되었다. 첫 번째 방문지는 정란각이었다. 문화원에서 제일 가까운 곳 수정동에 있다.

 적산가옥이 신기해서 얽힌 내막도 모르고, 낯선 모습에 무엇을 하는 곳인지 알려고 하지도 않고 지나쳤다고 수정동에 사는 지인은 말했다. 기생집으로 아는 분도 있고 일본인이 두고 떠난 옛집이라고만 아는 이도 있었다. 금기의 구역을 가본다는 생각 때문일까, 소풍하듯 설레는 마음이었다.

　해거름 정란각은 을씨년스러웠다. 석축 위에 지어진 목조 건물의 먹빛 몸체가 언뜻 평소와 다르게 느껴졌다. 적산가옥은 집의 모양만큼이나 평범하지 않은 운명 따라 이름도 몇 번 바뀌었다고 한다. 수정동 일본식 가옥, 정란각으로 불리다 지금은 '문화 공감, 수정'이라는 이름의 카페로 거듭났다.

　돌계단을 따라 올라서니 돌담 아래 작은 화단이 있었다. 화단에 핀 아이비와 애란 등 이름을 아는 화초가 소담스럽게 피어 있다. 서양란 '애란' 이름을 보니 과연 여기가 한때 일본인만 드나들었다는 유명한 요정이 분명하지 싶었다. 그 당시에는 조선인은 출입을 금했다고 하더니 침략한 남의 나라에 자신들만의 비밀스러운 공간을 만들어 한국의 여인을 희롱하며 성취감에 고무되었을 그들의 모습이 그려진다.

　꽃분홍 여린 꽃잎이 벌어져 반기는 모습을 보니 어린 기생아이가 버선발로 나서서 손님을 반기는 듯하다. 돌계단을 지나 문을 여니 적산가옥이 모습을 드러낸다. 마당에 깔린 자갈 구르는 소리, 물 빠진 연못에 머물다 가는 구름, 고즈넉한 적산가옥에서 우리는 그 시절로 빠져들었다. 타임머신을 타고 간 듯 옛 정취에 젖어 시 한 수 순풍 낳았다.

　다음 일정은 초량 차이나타운이다. 어스름이 내려앉기 시작하니 거리에 걸려있던 홍등이 불을 밝힌다. 외국인 학교의 벽에 그려진 벽화가 한눈에 들어온다. 삼국지의 도원결의를 맺은 모습이다. 피를 나눈 형제가 아니어도 마음으로 하나 되자며 복숭아꽃 만발한 동산에서 깊은 형제의 정을 맺는다는 뜻이라고 하니 유비, 관우 장비의 의리가 새삼스럽게 다가왔다. 친구 사이에도 도원결의를 인용하여 단순한 친구가 아니고 가장 믿는 친구임을 약속하기도 한다. 요즘 젊은이들이 말하는 '베프'가 아닐까 싶다.

　구불구불 휘어진 골목길 따라 걸어가다 보니 우리가 보냈던 어린 시절 60~70년대의 생활사들이 그려져 있었다. 물동이들이 줄을 서 있는 '공동 수돗가'와 새끼줄에 연탄 한 장 꿰어서 들고 가는 모습은 모두 공감하는 장면들이라 그림 앞에서 저절로 발길이 멎는다. 사진마다 잊었던 지난 이야기들이 한눈에 들어온다. 요즘 말로 하자면 참으로 '웃픈' 이야기가 아닐 수 없다. 웃음이 나지만 슬픈 이야기 말이다.

　동구에 사시는 분이 우리 동네에 오신 것을 환영한다며 저녁 식사 대접을 했다. 차이나타운답게 중국 음식점으로 가서 융숭한 대접을 받았다. 도원결의는 아니나 글로써 맺어진 인연이니 그에 못지않지 싶다. 글을 쓰며 친분을 쌓아가는 추억으로 몇 해를 보낸 그때 그 시절, 동구 곡곡을 다닐 때가 참 좋았다.

안창에서 태백산맥으로

이른 봄날 아직은 옷깃을 세우게 하는 날씨다. 매주 월요일 오후 네 시에는 문화원 수업이 있다. 서둘러 갔더니 영금이, 연숙이 벌써 와있다. 1시간 이론 강의 듣고 안창마을 현장 수업으로 간다. 안창마을은 부산 동구에 있는 산동네다. 옛날 호랑이가 출몰하였다고 하여 호랭이 마을이라고도 부른다. 그래서 호랭이 마을은 범일동과 범천동에 걸쳐있는 또 다른 안창마을의 이름이다.

29번 버스는 안창마을을 다니는 버스다. 몇몇은 버스를 타고 가기로 하고 다리가 불편한 사람은 택시를 나누어 타고 가기로 한다. 구불구불한 산길을 몇 번이나 돌고 돌아 올라가니 도심 속에 이런 곳이 있었나 싶을 정도로 개발되지 않은 곳이 나온다. 교통수단이 변변찮았던 예전에는 걸어서 다녔으니 얼마나 불편하였을지 짐작이 간다.

마을에 도착하니 호랑이 벽화와 조형물 등 볼거리가 많다. 작은 슈퍼마켓과 마을회관, 있을 건 다 있다. 기울어진 판잣

집 마루에는 노인 두엇이 앉아 담소를 나누고 있다. 한참을 걸어도 아이들은 보이지 않는다. 허물다 만 벽과 슬레이트 지붕의 작은 집들이 옹기종기 모여 있다. 마을의 한 귀퉁이에는 오리고기를 파는 집들이 찌그러진 간판을 내걸고 장사를 하고 있다. 작은 사찰과 요양원도 보인다.

안창마을이 호랭이 마을로 불리게 된 설화가 있다. 옛날 안창마을에 살고 있던 여인이 아들을 낳자마자 그만 잃었다고 한다. 아들을 잃은 상심을 달래며 지내던 어느 봄날 산으로 나물을 캐러 갔다. 동굴 속에 새끼 호랑이가 어미를 잃었는지 홀로 울고 있었다 한다. 여인은 무서운 줄도 모르고 죽은 아이가 생각이 나 달려가 젖을 물렸다. 그 이후로 여인의 집 앞에는 어미 호랑이가 돼지나 닭을 물어다 놓았다. 사람을 헤치는 무서운 호랑이도 제 자식을 돌봐준 사람한테는 은혜를 갚는다는 교훈이 담긴 설화이다.

안창마을은 한국전쟁 당시 모여든 피난민들로 인해 산속에 무허가 판자촌으로 형성되었다. 주변의 돌이나 흙을 주워 벽을 쌓고 나뭇가지나 솔가지를 덮어 지붕을 만들어 몸을 뉘었다. 날품을 팔아 겨우 연명하는 이들이 대다수였다. 1970년대에 전기가 들어왔고, 나무만 꽂아 놓고 집을 짓는 이들이 늘어나 무허가 건물이 많이 생겼다. 주거비용이 저렴하니 농촌을 떠나 도시로 모여든 외지인들의 삶의 터전이 되어주었다.

수정산으로 둘러싸여 산림이 우거지고 큰 바위가 많아서 예로부터 호랑이가 자주 출몰했다고 한다. 마을 주민들은 호랑이가 여유롭게 거니는 모습을 벽화로 그려서 옛 흔적을 남겨 두었다. 도심 속의 시골이라 불리기도 하는 안창마을 판자촌, 가까운 거리에 있는 도심의 아파트와 번화가의 빌딩들과 묘한 대조를 이루는 모습이 인상적이었다.

1980년대에 신발공장 노동자들이 이곳에서 거주하면서 주민의 수가 급속하게 늘어났다가 모두 살기 좋은 곳으로 떠나고 텅 빈 마을을 '호랭이 마을'로 브랜드화하여 관광객들이 끊임없이 오고 간다. 산골짜기 산비탈에 논밭이 없어 농사를 지을 수 없으니 할 수 있는 것이 장사뿐이었다. 생계를 이어나가기 위한 이들이 하나둘 오리고기 장사를 시작하면서 지금은 오리고기 맛집들이 모여 있다. 안창마을 곳곳을 둘러보고 인증사진으로 추억을 남기고 유명한 오리고기 집에서 이른 저녁 식사를 했다. 감흥에 취해 즉흥시를 지은 이는 낭송을 하고 약주 한 잔 곁들인 이들은 취기에 옛 추억 한 자락씩 풀어놓는다. 그때 모인 이들이 다시 한번 만나자 약속하고 자리에서 일어난다.

이들이 다시 만난 건 조정래 작가의 장편소설 《태백산맥》을 필사하기로 뜻을 모았을 때이다. 조정래 작가의 《태백산맥》은 한국전쟁의 역사를 토대로 여수 순천 벌교 전라도 지

리산을 배경으로 벌어지는 사건 사고를 역사적 고증을 거쳐 쓴 소설이다. 역사의 바람이 불 때마다 민초의 삶은 풀잎처럼 이리저리 휩쓸리다 난분분하게 흩어지며 고난을 겪는다. 시류에 편승하거나 맞서는 그 시대 인간의 삶을 섬세하게 그려 냈다.

전쟁의 비극 속에 개인의 고뇌와 이념적 대립을 주축으로 서사는 전개된다. 진흙탕 속에서도 꽃은 피어나듯이 전쟁의 소용돌이에서도 꽃을 피운 연민과 사랑이 그려내는 장면들 또한 볼거리다. 열 권, 한 질의 책을 한 권씩 나누어 쓰기로 하여 나는 이름이 앞에 있어서 제1권을 받아 왔다.

돋보기 신세를 지면서 한 자 한자 꾹꾹 눌러 썼다. 필사라고는 처음 시작하여 정성 들여 쓰다가도 손가락이 아프면 또 글씨가 삐뚤삐뚤하다. 필사에만 매달려 쓰고 있을 시간이 없어 몇 개월이 소요되었다. 필사하는 동안 너무나 사실적으로 그려낸 작가의 감성에 나도 빨치산의 일원이 된 것처럼 착각에 빠져 분개하고 흥분하며 태백산맥에 몰입하였다.

질펀한 욕설과 구수한 사투리는 그 시대로 돌아간 것처럼 미소 짓게 만든다. 어쩌면 그렇게 실감 나게 그려냈을까? 소설을 쓴 작가만큼이나 나도 힘들게 한 권의 필사본이 완성되었다. 모처럼의 자유다, 하고 있을 때 중간에 포기한 사람 몫인 또 한 권의 책이 내게 주어졌다. 글 쓰는 데 도움이 될까

하고 쓰기 시작했지만 살림 살아가며 틈틈이 쓰는 것이라 능률도 오르지 않고 손가락도 매우 아프고 남편의 눈치도 봐야 하고 여간 힘든 작업이 아니다.

　가을이면 조정래 문학관에 전시되어 있는 우리들의 필사본을 보러 가자고 한다. 유명한 작가의 글을 필사했다는 자부심으로 전시된 우리들의 글씨도 볼 겸 소풍이라도 가야겠다. 다만 몸이 허락해 줄지가 의문이다. 그래도 가자, 태백산맥으로.

임 그리운 꾸냥

누구를 기다리나
임 그리운 꾸냥

도망갈까 조인 발
아장아장
어디론가 걸어가네

연숙, 영금, 민경,
도원결의라도 하려는 듯
오래된 거리에 모여

큰 걸음
내 발자국
처음 간 거리는

집집마다 홍등으로
붉은 물결 일렁인다

4부

황금 팔찌

손목에 황금 팔찌가 채워졌다. 요즘 금값이 하늘 높은 줄 모르고 있는데 웬 횡재일까. 비몽사몽 입에 재갈이 물리고 나는 꿈속으로 빠져들었다. 황금 들판이 펼쳐져 있는 시골길로 가다가 문득 돌아보니 아무도 없었다. 무서웠다. 엄마를 부르며 울다가 눈을 떴다. 침대 주위에 간호사들이 분주하게 움직이고 있다가 "깨셨어요?" 하며 걸을 수 있겠냐며 부축을 한다.

의사 앞에 앉았다. 밖에 있던 남편과 딸아이가 들어와서 의사만 바라보며 어떻냐고 다그치는 눈으로 쳐다보고 있다. 자세한 설명을 들을 수 있으리라는 기대와 달리 "수술은 잘되었습니다."라는 담당 의사의 짧은 말 한마디를 듣고 나는 병실로 옮겨졌다.

간 수치가 높다는 결과를 듣고 초음파 검사 예약 날짜에 맞추어 건강검진을 하기로 했다. 건강검진은 빠뜨리지 않고 매번 하반기에 하다가 올해는 무슨 연유였는지 6월에 했다. 위 내시경을 하다 작은 물혹이 있어 떼어내고 조직검사까지 의

뢰했다고 한다. 지금까지 별 이상 없었고 속이 다소 더부룩한 증상은 한국인의 대다수 가지고 있는 위염이겠거니 생각하며 검진을 마쳤다.

결과를 보러 다시 병원으로 갔다. 위궤양 부위가 너무 커서 다른 의사에게 보내졌다. 심상치 않은 상태여서 다시 궤양 주변을 크게 떼어서 검사하기로 했다. 또 예약 날짜를 잡고 왔다. 기다리는 동안 집 안 정리를 하며 차분히 기다렸지만 여러 가지 생각이 떠오르는 건 어쩔 수 없었다. 하필 왜 나에게 이런 일이라는 억울한 심정이었다가, 스스로 몸을 돌보지 않은 일이 후회로 밀려와 괴로워하다가, 지금까지 자식들 잘 키워내고 손주를 자라는 것까지 지켜보았으니 잘 살았다며 위안을 삼기도 하며, 기다리는 시간 동안 만감이 교차했다.

예약 일이 가까워질수록 모든 것은 신의 뜻이니 잘될 거라는 믿음이 생기고 여러 가지 생각들로 북적이던 마음이 잠잠해졌다. 그리 무겁지 않은 발걸음으로 입원을 하였다. 수술 전날 준비 과정을 마치고 손목에는 노란색 이름표가 채워졌다.

수술은 내시경으로 이루어졌다. 위벽의 병변 주변을 포를 뜨듯이 크게 떼 내어서 조직검사를 했다. 단순히 궤양이 커서 하나 보다 여기고 일주일 정도 입원했다. 생살을 도려내어 그런지 속이 매우 쓰라렸다. 주렁주렁 수액만 달고 굶기더니 퇴원 무렵 물 같은 미음을 주었다. 계속 미음만 먹으라며 더 있으라는 걸 우겨서 퇴원했다.

결과를 들으러 갈 때는 혼자서 병원으로 향했다. 조카며느리 친정 오빠의 부고를 받은 후라서 남편이 먼저 가고 혼자 결과를 듣고 조문 가기로 약속한 터였다. 의사 앞에 앉아 검사 결과가 어떻게 나왔냐고 물었다. "위암입니다." 의사는 무표정한 채 아무렇지 않게 말한다. 데스크에서 간호사는 "암환자로 등록되었습니다."라며 행정 절차를 안내해 주었다. 모든 말들이 꿈속에서 들리는 것만 같았다.

약속시간에 맞추어 상가에 갔다. 남편과 조카들 시댁 형제들과 조문을 하는 동안 고인에 대한 애도의 심정에 내 설움이 더해졌다. 함께한 가족들이 상가에서 눈물 흘리는 내 모습을 봤다면 사돈댁 초상에 와서 무슨 눈물이냐 의아했을 것이다. 다행히 초상집이라 눈물의 이유를 아무도 묻지 않았다. 집으로 돌아와 결과가 어떻냐고 묻는 남편에게 치료가 잘되었다고만 말하고 자세히 알려주지 않았다. 이 상황에 대해 나 역시 받아들이기가 쉽지 않았기 때문이다.

검진을 갈 때마다 의사는 초기에 발견하여 괜찮다며 5년 동안 잘 지켜보자고 한다. 6개월에 한 번씩 내시경 검사를 하기로 했다. 그동안 열심히 살았다. 그런데 왜? 지나온 세월이 주마등처럼 스쳐 지나갔다. 열심히 산 것이 죄라면 죄일까. 식구들 앞에서는 아무렇지 않은 척 보냈지만 참아도 목젖이 쓰리며 뜨거운 것이 자꾸만 올라왔다. 약한 모습 보이지 않으려고 눈물을 삼켰지만 타고내리는 눈물을 어쩌랴 속수무책이었다.

뒤늦게 남편과 아이들이 알고 큰 병원으로 가자며 성화였다. 나는 가족들에게 부산 떨지 말라며 요즘 암은 큰 병이 아니라는 말로 대수롭지 않은 듯 말했다. 아무렇지 않은 듯 말했지만 나에게 닥친 일에 어안이 벙벙해졌다. 아등바등하며 지켜내었던 모든 것들의 의미가 없어져 버린 것 같았다. 앞으로 남은 삶은 내 마음대로 살 거라고 남편에게 선전포고하듯이 말했다.

남편은 요즘 말로 간 큰 남자다. 남편의 성향이 워낙 강한 탓에 다소 마음에 들지 않는 부분이 있어도 집안이 편하려면 나 하나 참으면 그만이니 참고 지내다 보니 모든 집안일은 남편의 뜻대로 움직이곤 한다. 내가 그렇게 만든 것도 사실이지만 타고난 성품이 더 큰 원인이다. 내 마음대로 산다고 말했으나 말뿐임은 뻔한 일이다. 그는 여전히 계속 간 큰 남자로 산다.

이제는 그때의 충격에서 벗어나 아무런 일도 없었던 것처럼 지낸다. 흔히 스트레스로 인해 암이 왔을 수도 있다 하지만 그것 역시 내 몫이다. 이 나이에 몸에 병 없기를 바라지는 않지만, 언제 찾아올지 모르는 죽음 앞에서 두려운 것은 사실이

나 의연해지기로 마음을 다잡고부터는 억울한 생각이 사라졌다. 이젠 나도 간 큰 여자로 살 거라 큰소리치고도 여전히 예전처럼 살고 있다. 오랫동안 몸에 밴 습관을 버리기가 어렵다.

  생에 대한 집착을 버리니 모든 것이 가볍다. 연명 치료 포기한다고 카드를 발급받고도 밥만큼 많은 약을 먹는 것은 또 무슨 모순인가 싶다. 세상 살면서 아프지 않고 살기를 바라는 것은 욕심이라 여긴다. 그래도 조금만 아팠으면 한다. 이것 또한 사치스러운 마음이다. 살아오면서 몇 번의 입원이 있었을 때도 노란색 이름표가 팔목에 채워지면 나는 황금 팔찌를 찼다고 생각하며 가볍게 넘겼다. 하지만 이제는 이 팔찌가 순금으로 되었다고 해도 이런 황금 팔찌는 더는 하고 싶지 않다.

한 소식

세차게 불던 섣달의 바람도 오늘 저녁에는 포근하다. 감기 기운이 있어 쉬고 싶은 마음이었지만 하루를 거르면 정진은 더 멀어질 게 뻔하다. 목도리를 두르고 장갑을 끼고 겹겹이 몸을 싸매어 집을 나섰다. 마음을 내어 처음 기도에 동참한 감로월 보살과 함께 법륜사로 향하는 길이다.

뽀얀 얼굴을 산 위로 올려놓고 반달 웃음을 짓는 달빛이 초발심 수행자들의 걸음마다 놓여있다. 발걸음에 스치는 법복 소리와 낮잠에 든 아이의 숨소리 같은 바람결에 댓잎 스치는 소리마저 고른 듯하다.

음력 12월 8일 성도재일, 용맹정진이라는 이름으로 철야 참선에 든다. 저녁 아홉 시부터 새벽 네 시까지 오십 분 좌선에 십 분간 다리를 펼 수 있는 시간이 반복된다. 탁탁탁 죽비소리를 시작으로 법당은 숨소리도 들리지 않는 고요 속에 든다.

처음 두어 시간은 수도승의 선방처럼 고요하기 그지없다. 좌선시간이 흐를수록 아무리 좌복을 두텁게 깔아도 엉덩이의 아픔은 점점 더해만 간다. 아픈 다리를 조심스레 움직이는 몸짓에 점프의 바스락거리는 소리가 크다. 조심할수록 더 크게 들리는 게 소리인 듯, 자세를 바꾸면 몸 곳곳에서 관절 펴지는 소리까지 여간 거슬리지 않는다.

이 뭐꼬, 나는 누구인가, 어디서 왔는가, 가부좌를 틀고 이리저리 몸을 뒤척여 가장 편한 자세를 잡고 앉는다. 손은 원을 그리듯 단전에 모으고 눈은 코끝을 보듯 내려뜬다. 저마다의 화두를 가지고 수행에 든다.

늘 시작은 그럴싸하다. 몇 차례의 좌선과 휴식을 반복하고 나면 열두 시쯤 야식으로 깨죽이 나온다. 법당 안은 삽시간에 고소한 향으로 채워지고 그릇 비워지는 소리가 여름밤 와글거리는 개구리 소리같이 소란스럽다.

다시 참선에 든 지 얼마 지나지 않아 여기저기서 가늘고 고른 숨소리가 들리기 시작한다. 자장가처럼 들리는 소리에 살풋 잠이 들었는지, 나도 모르게 "끄응" 잠꼬대 같은 소리가 나와 눈을 뜨고 자세를 고쳐 앉으니 옆에 앉은 감로월이 놀란 눈으로 쳐다본다.

나는 아무 일도 없는 척 시치미를 떼고 참선을 계속한다. 드디어 오십 분 좌선이 끝나고 포행 시간이다. 옆의 도반이 묻는다.

"한 소식 하셨어요?"

"한 소식은 무슨, 졸았지."

모두 한바탕 폭소를 터뜨린다.

스님들이 깊은 경지에서 깨달음을 얻는 것을 한 소식이라 한다. 참선하는 스님들이 졸면 한쪽 어깨를 죽비에 내주어야 하지만 수행자 흉내만 내는 우리에겐 큰 웃음을 주는 일로 그치고 만다. 짐짓 수행승처럼 참선에 들어도 어느새 잡념에서 벗어나지 못하고 있는 자신을 발견한다. 마음을 비우고 버리라 하지만 형태도 없는 마음을 비우고 버리는 법을 깨치지 못하고 제자리걸음인 것 같아 조급하기 짝이 없다.

심지어 마음 안에 온갖 잡념과 공상만 가득한데, 네 마음을 내어놓아라. 어떤지 보자 하신다. 손에 잡히지도 않는 마음을 어떻게 내어놓나. 옴마니밧메훔, 옴마니밧메훔, 불경을 되뇌며 마음을 모아본다.

다시 마지막 참선이 시작된다. 시간이 깊어갈수록 참선자는 줄어들었다. 한 시간도 버티지 못하고 돌아간 사람도 있고, 그래도 시작하였으니 반 소식이라도 채우려고 버티다 가는 이들도 있다. 법당은 군데군데 이 빠진 모양새다. 자꾸만 내려앉는 무거운 눈꺼풀을 힘들게 치켜뜨고 겨우 시간을 버티다 탁탁탁 죽비 소리에 회향한다.

참선을 마치고 나면 조금은 비워진 것 같아 잠시 홀가분해진다. 하지만 돌아서면 무엇을 비워내고 무엇을 채웠나 싶은

의구심이 든다. 비우려 하면 더 채워지는 것이 탐, 진, 치, 삼독이다. 보라는 달은 보지 않고 달을 가리키는 손가락만 쳐다보는 수행의 모양새가 아니었나 싶고 오늘 또 제자리걸음만 한 것 같아 한숨만 나온다.

법당을 정돈하고 밖으로 나오니 새벽기도를 하는 보살들이 댓돌 위에 가지런히 벗어놓은 하얀 고무신이 눈에 들어온다. 모든 것을 비워낸 해탈한 마음이 저렇지 않을까 싶다. 저들처럼 해볼까 싶다가도 출근하는 식구들 챙길 일이 머리를 스치고, 내 마음도 저렇게 비워졌으리라 위안을 하며 법당 문을 서둘러 닫는다.

삼십여 년 전, 초발심으로 여기저기 큰스님들의 법문을 들으러 큰절을 찾아다녔다. 선방에서 참선하시는 스님들께 대중공양도 다니고, 부산을 떨었건만 하나도 버리지도 비우지도 못하고 바뀐 것이 없다. 이 절 저 절 깨달음을 찾아다녀도 마음은 늘 허전하고 공허함을 느낀다.

'밤은 깊고 물은 차가운데 고기는 없고 빈 배에 달빛만 싣고 왔다.'라는 고승의 말처럼 빈껍데기뿐인 듯하다. 사실, 마음을 다해 살아가는 모든 일이 법문인 것을 알고 있다. 다만 마음자리에서 듣지 못하여 법문이 따로 있는 것으로 알고 있을 뿐이다. 한참 생각에 사로잡혀 걷고 있는데 말없이 걸어가던 감로월이 슬며시 손을 잡는다. '한 소식' 한 성님 손 한번 잡아 보자고 한다. 사색에 잠긴 내 표정이 성불한 스님 표정과 영락없단다.

한 소식은 모든 것을 비우고, 착각이든 고통이든 허망함이든 모두가 내 마음 안에 있다는 것을 마음으로 깨달음을 얻음이다. 옳다고 믿고 행했던 일이 잘못이었음을 알아차리게 되거나 의심하던 화두가 트이고 마치 꽉 막혔던 물꼬가 트이듯 묵은 업장이 해소되는 것이 바로 한 소식이기도 하다. 즉, 깨쳤다는 뜻인데 나에겐 요원한 일이다. 나는 전혀 그렇지 못하다고 말해놓고 보니 얼굴이 더 화끈거린다.

매 순간 나를 깨우는 죽비소리가 울려도 깨우치지 못하고 어리석은 채로 이래저래 나이만 먹고 말았다. 탐, 진, 치, 삼독을 버리지도 비우지도 못한 어리석은 중생은 오늘도 마음속에 욕심을 가득 채우고 또 비우는 연습을 하고 있다. 한 소식은 언제쯤 하려나. 여명에 밀린 희뿌연 새벽달을 바라보며 법륜사를 등 뒤로 한다.

* **탐, 진, 치, 삼독**
貪心(욕심), 嗔心(화냄), 癡心(어리석음)

햇빛막이

새벽공기가 알싸하다. 안개 낀 고속도로를 한참 달려 일행은 시골길로 접어들었다. 남편 친구들과 부부 모임으로 남해 여행길에 나선 참이다. 구불구불 S코스 시험이라도 치는 듯이 몇 구비 길을 돌아서 남해 금산 보리암으로 올라갔다. 아주 옛날에는 작은 법당 하나만 달랑 있었는데 많은 요사채가 건립되었다. 해수관음보살님이 아침햇살을 받아 온아한 미소로 손님들을 반긴다.

원래는 산 이름은 보광산이었다. 보광산에는 전해 내려오는 유래가 하나 있다. 태조 이성계가 그 당시 이곳에서 국태민안을 기도하며 큰 영험을 얻었다고 한다. 고마운 마음에 산신령에게 이 산을 비단으로 감싸주겠다고 약속을 했다. 실제로는 불가능한 일이었으므로 왕이 된 후에 산 이름을 비단 금(錦) 자를 넣어 금산이라고 부르게 하였다. 이름 덕분인가. 푸른 소나무와 잡목의 단풍이 법당의 단청과 조화를 이룬다.

이른 아침이라 조용하리라는 예상은 빗나갔다. 가족들의 건강과 안녕을 기원하는 이들로 발 디딜 틈이 없다. 젊은 엄마들은 아들딸들의 입시기도를 위하여 무릎이 닳도록 절을 하고 있다. 전국 삼대 기도처로 불리는 보리암을 찾은 수많은 사람의 간절함은 무엇일까. 번뇌와 망상을 내려놓지도 못한 채 간절하게 기도하는 엄마들을 방해한 것 같아 짧게 법당에 참배하고 뒤돌아섰다.

 점점 햇살이 두터워지고 있다. 들에는 가을걷이로 분주하다. 까치들도 감나무에 앉아서 홍시가 된 감을 쪼아 먹고 있다. 제 밥을 남긴 줄 아는가 보다. 예전 같지 않게 농사도 기계로 하여 도리깨로 타작하는 모습은 볼 수가 없다. 굽이굽이 돌아서 가니 연인들의 데이트 장소였던 물레방아가 쉼 없이 돌아가고 있다. 이제는 오래된 사진에서나 볼 수 있는 풍경들이다.

 해안도로를 끼고 가다 보니 죽방렴이 보인다. 사천과 남해 연안의 대나무로 만든 V 자 모양의 죽방렴은 일억 원을 호가한다. 수심이 깊고 조류가 빠른 물골에다 참나무 기둥을 깊게 꽂아 세우고, 발통을 설치하여 주로 봄 멸치를 잡는 최고의 몸값을 자랑하는 죽방 멸치잡이 시설물이다.

 죽방렴을 뒤로하고 한참을 가니 가천마을이 나온다. 가천마을 사람들의 사투리로 '삿갓배미'라고 불리기도 하는 다랭이 논이 보인다. 다랭이는 협소한 농지를 뜻하는 순우리말로 다락 논을 의미한다. 다락 논은 산비탈의 경사면을 계단처럼 만든 논이다. 이미 관광객들로 알록달록 수를 놓고 있다.

 남해의 반쪽을 돌아서 읍내에 있는 시장으로 갔다. 마침 장날이다. 닷새 만에 서는 시장은 초입부터 시끌벅적하다. 잘 익은 호박, 호박잎, 빨간 주머니 속에 금화를 가득 넣어 잘 말린 태양초, 엿장수의 구성진 노랫가락과 가위 치는 소리, '뻥이요' 하고 터지는 옥수수 뻥튀기 장수, 사람 사는 냄새가 난다.

 남해 일대를 다 돌지도 못했는데 서산으로 해가 뉘엿뉘엿 넘어가고 있다. 서산으로 지고 있는 해를 보니 내 나이도 저렇게 한창때를 지나 사위어 가는구나 싶다. 남편들은 여자들의 마술 같은 요리 솜씨에 즐거워하며 남해의 밤을 즐기고 있다. 하늘에는 별들이 비 오듯이 쏟아지고, 가을바람이 선선하게 불었다. 모처럼의 여행에 잠자는 시간도 아까울 정도다.

 새벽에 친구와 둘이서 둑방 길을 지나서 축항 끝 방파제 등대 쪽으로 돌아보았다. 시골에도 도시 못지않게 둘레길이 잘 만들어져 있다. 나무터널 길을 걷다 보니 내 무릎에서 그만 걸으라는 신호가 온다. 내가 기대고 사는 푸근한 바람막이 같은 남편과 같이 나올걸, 운동 욕심 많은 친구 혼자 터널 길을 돌아오게 하고 벤치에 앉아있으니 쌀쌀한 새벽 공기가 옷깃을 여미게 한다.

 숙소로 오니 아침 준비에 부산하다. 취사병 출신인 박 씨

아저씨가 큰소리치지만 무슨 요리를 만들어낼지 큰 기대는 하지 않는다. 여자들은 여왕이라도 된 듯이 편히 쉬기로 했다. 비어있던 집이라 남자들은 팔을 걷어붙였다. 무성한 잡초를 베고 나무에 달린 감을 까치밥만 남겨 두고 땄다. 시제(時祭) 모시고 나면 봉지마다 골고루 싸주듯이 각각의 집에 나누어주었다. 일행인 집주인의 후한 대접을 받고 하룻밤이 아쉬워 훗날을 약속하고 반쪽의 남해를 빠지지 않고 다 보기 위해 길을 나섰다.

어제의 반대 방향으로 출발하여 망운산에 올랐다. 망운산에는 오래된 암자가 있다. 망운암이다. 옛날에는 안개가 자욱한 돌산을 넘고 넘어서 숨이 턱밑에 차도록 힘들게 올라갔다. 지금은 절 입구까지 자동차가 갈 수 있는 사찰로 변했다. 시골 절이라 스님은 보이지 않고 기계음의 염불 소리가 우리를 맞이하고 있다. 청아한 스님의 독경 소리였으면 하는 아쉬움이 남는다.

처마 끝에 달린 풍경 소리와 염불 소리가 어우러져 운치를 더한다. 부처님 전에 참배하고 나오니 두 눈에 펼쳐진 풍광이 눈이 부시게 아름답다. 저 멀리까지 바다가 훤히 내려다보이고 단풍들은 예쁜 색깔의 옷으로 갈아입어 마치 색동저고리를 입은 새색시 같다. 절로 터져 나오는 예쁘다는 탄성으로는 부족할 만큼 산색이 곱디곱다.

내려오는 길에 계절에 맞지 않게 푸른 새싹들이 보인다. 자세히 쳐다보니 마늘이 쏘옥 새순을 틔우며 올라와 있다. 애면글면 땀 흘려 농사짓는 저 농부들이 있기에 우리는 편하게 먹거리를 얻고 산다. 가을을 맞아 만추를 즐기러 다니는 일이 땀 흘려 일하는 농부들에게 누가 되지는 않을까 죄송한 마음을 가진다.

마침내 섬을 온전히 한 바퀴 돌았다. 1박 2일의 짧은 여정을 끝내고 일상을 향해 달린다. 차창에 기대어 졸고 있는 남편의 굵은 주름살에 햇살이 비친다. 반주로 마신 한잔 술에 얼굴이 빨갛게 익은 홍시처럼 익어있다. 삶의 땀이 밴 얼굴에 햇빛이 반사되어 반짝인다. 두 손을 펼쳐 남편의 얼굴을 가린다. 남편이 편히 잘 수 있도록 이번에는 내가 바람막이가 아닌 햇빛막이가 되어줄 차례다.

라메리의 상흔

 베란다 문을 여니 아름드리 큰 벚나무에서 빛바랜 잎이 우수수 떨어지고 있다. 초겨울 한뎃바람이 불기 시작하자 나무에도 내 무릎에도 찬 바람이 휘감긴다. 바지를 걷어 올려보니 무릎에는 긴 철로처럼 상처의 흔적이 선명하게 남아있다. 무릎관절을 인공관절로 바꿨지만 어디 몇십 년을 한 몸으로 지내던 내 것만 하겠는가. 평생 성치 않은 관절 때문에 나는 수술에 대한 트라우마가 심하다.
 베란다에 있는 라메리도 나와 같은 상처가 있다. 라메리는 가시투성이인 몸통 윗부분에 초록색 잎이 돋아나는 선인장이면서 야자수처럼 생긴 식물이다. 옆으로 가지가 뻗지 않고 키만 높게 자라는 녀석이 손자들에게 부딪쳐서 부러져 버렸다. 일 미터가 훨씬 넘는 녀석이 힘없이 쓰러졌다.
 손자들이 가시에 찔리지나 않았을까 걱정하며 라메리를 손질했다. 그러잖아도 키가 너무 자라서 어쩌나 했는데 부러진 김에 마치 수술을 하고 깁스를 하듯이 지지대를 세워서 묶어

놓았다. 하지만 시간이 지날수록 점점 잎이 오그라들고 축 처졌다. 그 모습을 보니 나의 유년시절이 떠올랐다.

  네 살 무렵이었다. 어느 날 갑자기 팔다리가 오그라져서 펴지질 않고 몸이 불덩이처럼 열이 나면서 아프기 시작했다. 병원으로 다녀도 병명도 나오지 않고 거의 다 죽게 되었을 때 엄마는 지푸라기라도 잡는 심정으로 만신 할머니를 찾아갔다. 묘 탈이 났으니 굿을 하라는 말에 시키는 대로 했더니 거짓말처럼 나았다. 요즘 사람들이 들으면 미신이라고 코웃음을 쳤을 것이다.

  다 나았다고 안심했으나 이듬해 여름부터 무릎과 발목이 붓고 열이 나면서 손을 댈 수 없을 만큼 아프기 시작하였다. 용하다는 병원을 수소문하여 여기저기 찾아다니며 늦둥이 때문에 속앓이한 엄마의 고생은 이루 말할 수 없다. 무더운 날 열이 나는 아이를 업고 엉덩이를 받치고 다니면 편할 텐데 다리가 흔들리면 자지러질 듯 아파하니 다리를 잡고 다녀야 했다. 밑으로 축 내려온 엉덩이는 엄마의 허리를 얼마나 아프게 했을까.

  해마다 여름이면 재발하여 엄마의 고생도 연례행사처럼 반복되었다. 페니실린 주사를 얼마나 맞았는지 빼곡한 주사 자국을 보고 늘 안쓰러워하셨다. 나의 의지와 상관없이 태어나면서부터 나는 불효자였던 셈이다. 네 살 때 발병하여 칠 년이 넘게 고생했다. 어느 한의원인지 기억은 나지 않지만 열한 살 되던 해, 책 보따리를 허리에 두르고 하굣길에 들러서 침과 뜸으로 온갖 고통을 참아낸 끝에 다행히 엄마의 그 연례행사는 끝이 났다.

세월이 흘러 오십 대 초반에 또다시 다리가 아프기 시작하였다. 병원에 가서 영상촬영과 여러 가지 검사 후에 퇴행성관절염이라는 진단을 받았다. 네 살 때부터 그렇게 아팠다고 이야기하니, 그것은 소아 관절염이었단다. 오십 년이 지나서야 그때 몰랐던 병명을 알 수 있을 만큼 의술이 발달해 있었다.

어릴 때 그 병은 다 나았으나 나이가 들면서 연골이 망가져 버려서 수술 말고는 치료 방법이 없다고 했다. 우리의 몸은 기계와 같아서 세월이 흘러 많이 사용하고 나면 교체를 해야만 된단다. 십여 년을 더 견디다가 무릎에 인공관절을 넣었다.

수술 후 한쪽은 괜찮은데 한쪽 다리는 계속 아팠다. 시간이 지나야 나아지는 줄 알고 주기적으로 검사를 해가며 약만 먹었다. 삼 년이 지나도 낫지 않아서 무릎에서 물을 뽑아 검사하니 염증이 생기고 나쁜 균이 배양되고 있었다. 균이 생기면 약으로는 치료가 불가능하니 재수술을 해야 한단다. 그것도 한 번이 아니고 두 번을 다시 한다니.

처음 넣은 인공관절을 빼내고, 석고로 관절을 만들어 넣고 염증이 완전히 없어지고 나면 채워 넣은 석고를 빼내고 새로운 관절을 다시 넣는 복잡한 수술이다. 삼 년 동안 관절 사이사이에 새살이 차올라서 살들을 뜯어내는 대공사를 해야 한다고 담당 의사는 농담 섞인 말로 안심시켰다.

우리 집 라메리도 주인을 닮아 처음 부러진 것을 잘못 붙여서 재수술했다. 연골처럼 하얀 진액을 흘리고 있는 몸통에 버팀목을 세워 단단히 묶었다. 마치 나를 보는 듯 마음이 몹시 아팠다. 내 무릎에서도 라메리처럼 연골이 생겼으면 얼마나 좋을까.

두 번째 수술을 하고 육 주 동안 항생제 주사를 주렁주렁 달고 살았다. 정형외과 병실은 마치 전쟁을 치른 부상병처럼 모두 무릎에 붕대를 동여매고 다리에는 시퍼렇게 멍이 든 수술 환자들뿐이다. 처음 수술하는 이들은 내가 두 번째 수술이라고 했더니 어떻게 하면 빨리 나을 수 있는지 어떤 운동을 해야 하는지 물었다.

피할 수 없으면 즐기라는 말이 있듯이 받아들이기로 하고, 아침마다 침대에 앉아서 운동을 시키며 웃고 지냈다. 웃음소리에 간호사들이 들여다보고 주의를 주고 갈 정도로 크게들 웃었다. 퇴원했다가 몇 달 동안 외래진료로 검사하여 염증 수치가 완전히 정상으로 돌아오면 세 번째 수술을 한다. 석고 관절을 넣고도 퇴원을 하여 팔 개월을 그럭저럭 지냈다. 통증은 조금 있었지만 생활하는 데는 큰 지장이 없었다.

세 번째 수술 날이다. 팔목에는 나이와 이름이 적혀있는 노란 팔찌가 채워졌다. 차디찬 수술대에 누워있으니 링거의 수액과 혈액이 떨어지고, 뼈를 깎는 드릴 소리와 망치 소리와 함께 의사들의 힘들어하는 소리도 들렸다. 이거 아니다, 좀 더 큰 것으로 해야겠다, 몇 미리 나사못을 가져와라, 비몽사몽 집도의의 목소리를 들으며 흔들리는 침대 위에서 제발 이번이 마지막 수술이기를 간절히 바라며 눈을 감았다.

인공관절 때문에 웃지 못할 에피소드도 있다. 해외여행 때마다 검색대에서 걸린다. 빨간색 불이 반짝이며 '삐 삐삐' 소리가 난다. 여자 검색원이 다가와 한쪽으로 데려가 몸을 여기저기 만진다. 무기라도 숨기고 탑승하는 게 아닌가 싶은지 온몸을 수색한다. 어떤 곳에서는 신발까지 벗겨서 수색했다. 기분이 좋을 리가 없다. 일행들은 "대자월, 또 걸렸다."라며 큰 구경거리라도 난 것처럼 웃었다. 이왕지사, 인공관절로 일행들에게 큰 웃음을 주었으니 나쁘지만은 않은 일이다.

수술하고 한 달 뒤에 퇴원해서 벌써 칠 년이 지났다. 인공관절은 아직 온전하게 제 기능을 못하지만 시간이 지나면 더 나아지겠지 하는 희망으로 산다. 우연일까, 라메리가 나를 닮았을까, 그 무렵 잘 자라다가 잎이 누렇게 낙엽이 되어 떨어지고 있었다. 나는 또 한 번 가시와 싸우며 라메리의 몸통을 잘라냈다. 이번엔 아주 짧게 잘라 버렸다. 성형수술을 하듯이 정교하게 잘라서 부목을 덧대어 단단히 깁스를 해놓았다. 제발 튼튼하게 살아나기를 희망하면서.

  세월에 장사 없다고 또 여기저기가 아파온다. 지병 하나쯤은 친구 삼아 데리고 살아야 하는 나이가 되었지만 두려운 것은 사실이다. 라메리가 세 번 수술하는 동안 새순을 틔워 옆 가지가 생겨서 또 다른 모습으로 예쁘게 자라고 있다. 상처의 흔적도 없다는 듯이 말이다.

  나 또한 세 번의 수술로 두 무릎에는 커다란 기차선로의 흔적이 남아있지만 마음먹은 곳 어디든 걸을 수 있으니 더는 바랄 게 없다. 누군들 이 황혼에 이만한 아픔 하나 없을까. 자리에서 일어나 베란다 문을 열고 라메리를 쳐다본다.

* 파키포디움 라메리
패왕수라고도 한다. 원산지는 마다가스카르이다.

텃밭

 하늘을 보니 커다란 불덩이가 구름을 조금씩 태우며 올라오고 있다. 아침 일찍 텃밭에 와서 일하다 보니 눈 깜짝할 새 시간이 흘렀나 보다. 한참을 몰두하다 허리 한 번 펴니 산 너머 해가 턱밑까지 와 있다.

 이른 새벽 텃밭으로 온 농부는 일이 끝나갈 무렵이다. 무더운 여름에는 새벽 일찍 나와 잡초를 뽑고 벌레도 잡는다. 해가 오르면 집으로 돌아가야 하니 손이 쉴 새 없이 바쁘다. 초보 농사꾼인 우리 부부는 농부의 손놀림을 따라 부지런히 움직이고 있다. 밭둑에 늘어진 보드라운 호박잎과 알이 굵고 반지르르 윤기 흐르는 자줏빛 가지를 따서 소쿠리에 담는다. 뙤약볕에 터질 듯 익어가는 풋고추 몇 개, 상추와 머위잎을 듬성듬성 솎아내니 소쿠리가 가득 찬다.

 한참을 허리 구부리고 있으니 온몸이 쑤셔온다. 무엇보다 견디기 어려운 건 초가을 바람에 바짝 약이 오른 모기다. 찬바람이 불면 곧 사라질 모기들이 마지막 패악을 부리는지 옷을 뚫고 물어대고 있으니 오래 있기 어렵다. 뒷마무리는 남편에게 미루고 쫓기듯이 내려와 서둘러 차에 탔다.

웬걸, 기어이 따라와 무임승차한 모기가 차 안에 있었다. 숨바꼭질하듯 여기저기 물어대는 통에 여간 고역이 아니다. 여러 군데 모기에게 헌혈하고 나니 팔다리가 부르터 오른다. 팔과 다리는 마치 커다란 여주처럼 울퉁불퉁하여 보기에 흉하고, 물린 자리는 얼마나 가려운지 부스럼 환자처럼 연신 긁고 있다. 약 올리듯 요리조리 빠져나가는 날쌘돌이 모기를 겨우 잡고 나니 속이 시원하다. 기분 탓인지 가려움도 한결 덜한 것 같다.

한바탕 모기와 전쟁을 치르고 나니 콧잔등에는 땀이 송골송골 맺혔다. 에어컨을 켜려고 하니 아차 싶었다. 한적한 곳이라 문을 열어놓고 갔던 터라 키를 받아오지 않았다. 문을 열어놓으면 한창 굶주린 산 모기떼가 들이닥칠 것 같아 열 수도 없다. 멀리 보이는 남편은 잡초와 씨름을 하느라 아직 내려올 기미가 없다. 올 때마다 뽑아도 금세 자라 숲을 이루니 매번 전쟁이다.

쉽게 포기하지 않고 다시 뿌리를 내리는 잡초의 질긴 생명력이란 뭇사람들이 노래하듯이 참으로 경이롭다. 어찌 보면 그들 모두 소중한 생명이니 스스로 생존하는 모습이 대견하기까지 하다. 다만 남새들이 자라는 걸 방해하니 아니 뽑을 수 없어 손을 대지만 볼 때마다 잡초와 민들레와 들풀들의 생명력에 감탄한다. 얼마든지 뽑아 보라는 듯, 마치 쉽게 포기하는 우리를 나무라기라도 하듯이 바람에 씨를 날려서 영역을 넓혀가고 있다.

잡초가 기승을 부려도 배추와 무는 하루가 다르게 푸르게 잘 자라고 있다. 김장용으로 심었지만 농사짓기가 힘들어서 매번 내년엔 절인 배추를 사서 김장할 거라고 짜증을 부려놓고 또 내 손으로 배추 모종을 사다가 심는다. 가족들에게 무공해 김치를 먹이고 싶은 마음이다. 마음만 농부이지 사실은 까만 비닐 위에 초록빛 벌레가 기어다니고 배춧잎을 갉아 먹어 구멍이 숭숭한 것을 보면 징그러워 도망을 치는 어설픈 농부다.

어렸을 적 바닷가에 집이 있던 나는 논밭에서 놀았던 기억보다 바다에서 놀았던 기억이 많다. 고동과 해삼 멍게 같은 것을 잡으며 바닷가에서 뛰어놀았다. 초등학교 졸업 후 부산으로 이사를 와서 어린 시절 바다는 추억 속으로 숨어버렸다.

어릴 때 일이다. 가난한 집안이라 농사도 없었다. 농촌도 아니고 어촌도 아닌 경치 좋은 바닷가 동네였다. 누구네 밭인지 모르겠지만 꽤 넓은 밭에 엄마 따라간 기억이 있다. 어른들은 들일을 하고 나는 한쪽에서 놀고 있었다. 물을 떠 오라는 말을 듣고 우물에서 물을 길어다 들고 가다가 넘어지고 말

앉다. 울고 있으니 밭에 물 잘 주었다며 달래주었다.

밭에다가 물을 주는 것도 모르다가 그때 처음 알았다. 나무와 풀들은 비 맞고 저절로 나고 자라는 줄 알았다. 농사꾼인 척 손에 흙을 묻히고 있는 지금도 그때와 마찬가지로 모르는 게 많은 완전 초보 농사꾼이다. 다른 사람들이 하고 있으니 쉽게 생각하고 덤볐다가 실수 연발이다. 남편도 시골에서 자랐지만 농사일은 잘 모르는 것 같다. 오로지 풀 뽑기에만 정신이 없다.

농사짓는 걸 보기는 해도 직접 해보지 않았으니 잘 모를 수밖에. 책이나 TV에서 농사짓는 일을 보면 어린 시절 추억이 고스란히 되살아났다. 농부에 대한 막연한 동경만 있었다. 남편도 농사짓는 일에 대한 향수가 남아있어 우리는 우연한 기회에 땅을 얻어 자연스럽게 텃밭을 가꾸게 되었다. 하지만 농사는 마음만 앞설 뿐 인터넷을 찾아보고 겨우 심는 시기를 맞추어가는 왕초보 농사꾼이다.

높은 가을 하늘에는 구름이 아직 많이도 있다. 산을 비집고 올라오는 태양이 먹구름을 지운 줄 알았는데, 유난히 많은 여러 모양의 구름 떼들이 바람에 휘둘리고 있다. 한참 동안 구름을 보다가 다시 밭으로 눈을 돌린다. 얼마 되지 않는 적은 양이지만 지인들에게 나눠주는 재미도 있다. 약을 치지 않으니까 모양은 예쁘지 않아도, 벌레 먹어서 구멍이 난 배추도 맛있게 먹어주니 감사할 뿐이다.

  농사를 지으며 배우는 게 많다. 한동안 돌보지 못해도 한동안 가물어 물 한 방울 마시지 못해도 끈질긴 생명력을 잃지 않는 온갖 남새들이 그렇게 예쁠 수가 없다. 풀밭에 기어다니는 벌레들은 또 어떤가. 잠시도 쉬지 않고 부지런하게 움직인다. 특히 개미들은 티끌만 한 먹이를 입에 물고 줄지어 가고 있다. 사람들도 저렇게 부지런하면 굶을 일은 없지 않을까 싶다.

  그림을 그려가며 등에 집을 얹고 다니는 달팽이도 대견하고 징그럽게만 느껴지던 배추벌레는 세상에서 보지 못한 예쁜 초록 옷을 입고 열일 중이니 배추에 구멍이 나도 밉지 않다. 잡초들의 근성은 어떤가, 민들레와 냉이, 꽃다지, 괭이밥, 돼지풀, 망초, 바랭이, 살갈퀴, 쇠뜨기, 종류도 다양하다. 잡초라기보다 이름도 예쁘고 나물로도 먹을 수 있는 것이 많다. 쇠비름나물은 옛날에는 먹지도 않았다는데 약제로도 쓰인다니 잡초라고 함부로 취급해서는 안 되겠다.

  남편이 밭에서 내려오고 있다. 하늘에는 구름을 태울 듯이 떠오른 태양이 구름에게 하늘을 내어주었고 구름은 하늘에 갖은 모양의 수를 놓고 있다. 달팽이는 땅에다가 그림을 그리고, 잘 돌본 텃밭의 무와 배추는 초록빛으로 줄지어 서 있다. 이른 아침, 마치 그림 같은 텃밭의 한나절이 뭉게구름에 실려 둥둥 떠다니고 있다.

날아다니는 불

 2025년 3월, 부주의한 한 사람으로 인해 큰 재앙이 닥쳤다. 경북 의성, 영주, 등 경상남도 일대까지 번진 불과 전국 곳곳에서 생긴 산불로 온 국민이 걱정하고 있다. 성묘객의 실화로 시작된 불이 바람을 타고 전 국토로 퍼지는 바람에 피해는 어마어마하다고 전해진다. 불길이 걷잡을 수 없을 지경에 하필 강풍이 기세를 더해 불티는 춤을 추듯이 이 산 저 산을 날아다녀서 빠르게 번졌다.

 오래전부터 예약된 일정대로 나는 여행길에 올랐다. 도반들과 의기투합하여 부전에서 강릉까지 중앙선 ITX를 타고 1박 2일 일정으로 떠난 여행이다. 여행은 누구와 가든 어디로 가든 언제나 설레고 행복하다. 마음 맞는 친구들과 함께라면 더욱 좋다. 우리는 출발하면서부터 들떠 왁자지껄 수다 삼매경에 빠져들었다. 주위를 둘러보니 기차 안은 만석이다. 멋을 부려 차려입고 집을 나선 티가 역력한 여행객들의 표정을 보니 저들도 우리와 다르지 않다.

고개를 돌려 창밖을 보니 차창 밖으로 보이는 동해와 푸른 숲들이 산수화처럼 스쳐 지나간다. 여러 가지 일들로 답답했던 가슴이 확 트인다. 모처럼 집을 떠나 아무 걱정 없이 이틀을 즐기려고 마음먹었다. 집도 남편도 잊고 오롯이 나만의 시간으로 도반들과 즐길 생각이다. 덜컹거리는 기차에서 5시간이 어찌 갔는지 모르겠다. 지루함도 잊고 여행의 흥취에 빠져들다 보니 어느새 정동진역에 도착했다.

유명한 트로트 가수들이 묵었다는 호텔로 숙소를 잡았다. 8명이 택시 2대에 나누어 타고 가는 길에 택시 기사님이 이틀 동안 관광 안내를 하겠다고 자처하였다. 문서 없는 구두 계약을 했다. 호텔에 짐을 두고 바로 숙소를 나와 두 대의 택시에 나눠 탔다. 정동진의 모든 것을 담아가리라 마음먹으니 한 시간도 아까웠다.

우선 남쪽으로 한 바퀴 돌기로 했다. 바다가 끝없이 펼쳐졌다. 부산에서 눈이 시리도록 봤던 바다지만 주변 산새와 풍광에 따라 전혀 다른 분위기의 바다였다. 마치 바다를 처음 보는 사람들처럼 환호성을 질렀다. 세차게 불어오는 바람에 하얀 머리카락 휘날리며 희희낙락 모두 나이를 잊은 듯 아이처럼 즐기고 있다.

타지를 방문할 때는 맛집이나 모르는 것들은 그곳 토박이에게 물어보면 대개 정확하다. 수십 년간 그곳 토박이인 택시

기사님이 안내한 횟집을 예약했다. 저녁 식사를 기대하고 갔지만 다소 실망스러웠다. 여러 가지 많은 밑반찬과 음식들이 나왔는데 기대에 못 미쳤다. 해산물과 회는 역시 부산을 따라가지 못한다. 당분간 날것을 조심해야 하는 나로서는 젓가락 하나 댈 곳이 없어 난감하다. 익혀서 나온 해산물도 신선도가 떨어져서 손이 가지 않는다. 상추에 된장 쌈으로 겨우 몇 술 뜬 게 전부다.

 숙소로 돌아와 TV를 켰다. 며칠 전 시작된 산불이 아직 꺼질 기미가 없다. 채널을 돌려봐도 산불 뉴스로 도배를 하고 있다. 모두 걱정하는 소리를 하며 한숨짓지만 달리 도와줄 방법이 없다. 이야기꽃을 피우며 밤을 지새울 듯한 기세더니 하나둘 고른 숨소리가 들린다. 나는 바뀐 잠자리에 코 고는 소리까지 더해져 잠 못 이루고 비몽사몽 밤을 꼬박 지새우고 말았다.

 이튿날 대관령과 평창 동계올림픽기념관 등 강원 북쪽을 갈 계획이었다. 문제는 조식 때다. 산불이 이렇게 심한데 우리가 놀러 다니는 것이 맞는지 모르겠다는 말이 나오자마자 중앙선 임시 운행통제 알림이 휴대전화기마다 울려댄다. 어쩌면 좋냐고 모두 한마디씩 한다. 나 역시 산불 걱정에 밥이 넘어가지 않는다. 뜨는 둥 마는 둥 하다 자리에서 일어났다. 산불 걱정이 되면서도 마음 한구석에는 모처럼 나온 여행을 이렇게 망치나 싶어 짜증스러운 마음이 슬그머니 올라왔다.

　꺼질 줄 모르는 산불에 우왕좌왕 떠들어대는 분위기에 호텔 조식을 먹고 창밖을 보며 우아하게 에스프레소를 마시겠노라 손꼽아 기다렸던 출발 전의 기대는 물거품처럼 사라지고 말았다. 일단 전세를 낸 택시 기사님께 전화부터 했다. 산불 때문에 관광이 어려워서 서울로 가서 부산으로 내려오자고 의논이 되었다고 예약을 취소하고 강릉역으로 갔다. 서울행 기차표와 부산행 기차표를 동시에 예매하고 패잔병처럼 역사에서 기다렸다.

　여행을 망친 것 같은 속상함이 불씨가 된 내 마음속에는 이미 불이 활활 타오르고 있었다. 이런저런 생각으로 점점 번지더니 걷잡을 수 없는 억울함이 더해지고 있었다. 산에는 전국을 태워버릴 기세로 산불은 번지고 있었다. 바람까지 불어오니 미친 듯이 불꽃이 날아다니고 있다. 타오르는 화를 속으로 삭이다 보니 마음속에 번진 강원도 여행의 꿈과 기타 등등의 억울함은 저절로 재가 되어 날아가 버렸다. 오랫동안 기다려왔던 즐거워야 할 여행이 어이없이 사라져 버렸다.

　어찌어찌해서 서울로 갔지만 기차 시간 간격이 크니 서울역에서도 몇 시간을 발목 잡히고 말았다. 오갈 데 없이 서울역 자리만 지키다가 돌아온 셈이다. 흥이 빠져 수다를 떨던 도반들도 산불 걱정에 근심 가득한 얼굴로 생각에 잠겼다. 한

껏 부풀었던 여행은 김빠진 맥주처럼 수그러졌다. 게다가 전날 잠을 자지 못해 졸음이 쏟아져 꾸벅꾸벅 졸기까지 하니 노숙인이 따로 없다. 집 나가면 고생이라는 말이 실감 났다.

며칠을 날아다니던 불이 완전히 꺼졌다. 우리 여덟 명은 마치 산불 걱정에 여행을 취소하고 온 것처럼 애국자라도 된 듯 미소를 보내며 지난 이야기를 한다. 지나고 나면 이 또한 추억이리라. 몇 달 후 강원도에 갈 일이 있었다. 차창 밖을 보니 산들이 시커멓게 탄 흔적이 곳곳에 보였다. 울울창창한 푸른 숲이 되려면 최소 백 년은 걸린다고 한다. 푸르고 창창했던 숲을 태우고 검게 변한 산을 쳐다보니 애처로운 마음뿐이다. 한 사람의 부주의로 큰 재앙을 불러오고 말았으니 참으로 안타깝다.

산림 당국은 건조한 날씨로 추가 산불 위험이 큰 만큼 인력과 장비를 확대 배치하는 등 대응 수위를 높인다고 한다. 당국뿐만이 아니라 우리 모두 조심해야 할 문제다. 작은 불씨 하나가 큰 재앙을 불러오는 일은 없어야 하겠다.

니는 모른다

 나는 사변둥이다. 한국전쟁의 북새통에서 태어난 사람들을 사변둥이라 부른다. 1950년 6월 25일 일요일 새벽 4시경 북한군이 밀고 내려왔다. 암호명 '폭풍 224'라는 사전계획에 따라 북위 38도 선을 지나 국토 전역을 점령해 나갔다. 대한민국을 사전에 선전포고 없이 기습 남침하여 전쟁을 일으켰다.
 처음에는 전쟁이 발발한 날짜를 붙여 6.25 사변이라 불렀다. 한동안 사변과 전쟁이라는 명칭을 혼용하다가 이제는 대내외적으로 한국전쟁이라 통용되고 있다. 6.25 전쟁은 한반도 분단의 결과이며 분단은 제2차 세계대전 종전을 전후하여 미국과 소련 등 주변 국가들의 견제와 타협에서 비롯되었다고 전해진다. 소련이 한반도 전역을 점령하는 것을 막기 위하여 북위 38도선을 미군과 소련군의 경계선으로 정하고 북쪽에는 소련군이, 남쪽에는 미군이 주둔하였다. 소련은 북한을 소비에트화하려고 했다고 한다. 결국 남한과 북한에 두 개의 독립된 정부가 들어서면서 대립과 갈등이 격화되고 오늘에 이르렀다.

교전은 1953년 7월 27일 정전협정이 체결되기까지 3년 1개월간 이어졌다. 정전 이후 70년이 넘는 세월이 지났음에도 불구하고 전쟁의 기억은 사그라지지 않는다. 80이 넘은 세대들은 그때를 떠올리면 마치 영화필름이 돌아가듯 생생하게 광경이 재연되곤 한다. 피난 시절의 아픔과 그 참상들을 기억하며 "니는 모른다." 언니는 내게 말하곤 한다. 갓난쟁이였던 나는 강보에 싸여 그날들의 일을 전혀 기억하지 못한다.

내 고향 통영에도 인민군이 내려왔다. 백일도 안 된 집안의 막내인 나를 안고 우리 가족은 피난길에 나섰다. 작은언니는 엄마 치맛자락을 잡고 가다가 놓치고 말았다. 언니는 가족들 모두 갑자기 사라져 버려 어떻게 해야 할지 막막했다. 어디로 갔는지 짐작할 수도 없어 아는 길 따라 이모 집으로 찾아갔다. 이모가 모두 방공호에 갔다고 일러주었다. 난리통에 모두 어디론가 숨어버리기라도 할까 봐 허겁지겁 사람들을 따라 방공호로 갔다. 언니가 도착하니 딸이 죽은 줄 알고 낙심하고 있던 엄마가 와락 부둥켜안고 울었다고 한다. 언니는 종종 그때를 회상하며 말한다. 누구의 것인지 모를 고무신 한 짝을 들고 갔다고 했다. 아마도 언니가 신고 있던 신발 한 짝은 일찌감치 달아나 버렸을 테고 보이는 대로 주워 신고 가족을 찾아 나섰던 것 같다.

집 앞에 다리가 있었다. 다리가 폭격을 맞아 부러지고 그 다리를 건너던 이들과 주변의 사람들도 모두 죽고 말았다. 불에 거슬린 시체들이 겹겹이 포개어 있어 차마 눈 뜨고는 못 볼 광경이었다고 한다. 여덟 살 여자아이는 어른들이 손을 잡거나 안아서 넘겨줘야 지나갈 수 있었다. 어쩌다 시체가 다리에 닿으면 불타버린 시신의 껍질이 흐물흐물 벗겨지더라며 몸서리친다. 전쟁의 기억은 아직도 언니를 그 시간에 머무르게 한다.

하루는 양지바른 흙담 옆에 잠깐 기대어 서 있었다고 한다. 순간 '피웅' 소리가 나며 귀 옆으로 무언가 스쳐 지나가서 돌아보았다. 어디선가 날아온 총알이 쓰러져가는 흙담에 박혀 뱅글뱅글 돌고 있었다. 고개를 조금만 더 옆으로 돌렸더라면 언니는 죽었을 거라고 마치 그때의 일인 것처럼 두려움에 떨었다.

웃지 못할 이야기가 또 있다. 총알이 솜을 뚫지 못한다고 솜이불을 쓰고 다녔다고도 한다. 총알의 원리가 목표물을 향하여 회전하다 적중하여 파괴한다. 그때의 이불은 여러 겹의 솜을 겹쳐 만들었으니 총알이 맥을 추지 못할 것이라는 얘기다. 언니의 이야기를 듣고 있으면 마치 한 편의 전쟁영화를 보고 있는 것 같다. 백발의 노인이 되어도 전쟁의 험한 기억들은 사라지지 않고 있었다.

사변둥이 친구들은 너무 어렸을 때라 전쟁의 기억은 없다. 하지만 가족들이 들려주는 이야기 속에는 주인공으로 등장하기도 한다. 그래서 마치 전쟁을 겪었던 것처럼 가끔 전쟁 이야기를 한다. 한 친구의 이야기다. 피난길에 친구가 아파서인지 많이 울었다고 한다. 어차피 죽을 목숨이라고 생각하고 아이를 버리고 가고 있으니 그 친구의 오빠가 울면서 아기 데리고 가자며 엄마를 붙들고 못 가게 했단다. 어쩔 수 없이 아이를 데리고 갔는데 후에 그 딸이 효도했다고, 그 딸을 버리고 갔으면 어쩔 뻔했냐고 하더란다.

  가족들과 헤어지거나 부모를 잃은 아이들은 전쟁고아가 되어 외국으로 입양되었다. 숱한 사연으로 이별한 이들이 이산가족을 찾는 방송을 보면 모두 슬픈 개인의 역사이다. 그때는 온전히 가족들과 함께 살아가는 일이 드물었고 국토의 산천초목이 다 망가져 식량마저 거덜이 났으니 배고프지 않았던 이가 없었다. 그때를 회상하며 '죽지 않았으면 고아로 어느 집에 입양되었겠지' 웃으며 말하는 친구의 얼굴에서 희미하게 슬픈 미소가 번지곤 한다.

  전쟁을 겪지 못한 요즘 세대들은 배고픔을 모른다. 왜 배가 고프냐, 밥이 없으면 라면이라도 먹으면 되지, 하고 농담인지 진담인지 모를 소리를 하고 있다. 전쟁 후에 우리나라는 급성장하여 강대국의 대열에 섰다. 옛날에 나이 든 어머니가 "좋은 세상이다."라고 말할 때보다 정말 좋은 세상이 되었다. 좋다 못해 모든 것이 너무 풍족하여 음식쓰레기를 치우는 데 비용이 들고 한 번 입고 버려지는 옷들과 생활용품들을 보면 우리가 정말 이래도 되나 싶다. 마치 죄를 짓고 사는 것만 같다.

환경오염과 기후변화에 한몫하고 있는 것 같아 신경을 써서 물자를 절약하며 살아도 나 역시 버려지는 게 이전보다 훨씬 많다. 지구의 반대편에는 굶주리며 죽어가는 사람도 있다는 것을 매체를 통해서 알고 있지만, 이미 굳어진 습관은 종이컵이며 티슈 등을 쉽게 뽑아 들게 한다. 생활 속에서 물자를 아껴 쓰는 일은 여간 어려운 일이 아니다.

아직도 전쟁은 끝나지 않았다. 남과 북은 한민족인데 왜 총부리를 겨누고 있는지 알 수가 없다. 휴전협정이 체결된 지 73년이 지나가고 있는 지금도 북에서는 전쟁 준비만 하고 있다니 이러면 통일이 오긴 오는지 후세들을 위한 세상 걱정을 아니 할 수가 없다. 다음 세대들에게 좋은 환경을 물려주는 것은 전쟁 세대뿐만이 아니라 우리 모두의 희망이다. 날로 발전하는 이 나라에서 전쟁 걱정 없이 잘 살기를 바라는 건 당연한 바람이기도 하다. "니는 모른다."라는 슬픈 이야기가 아닌 재미있는 이야기로 웃음꽃을 피우기를 나는 희망한다.

21년 만의 외출

　남편의 팔순 기념으로 지인들과 중국 장자제로 향했다. 얼마나 변했을까. 강산이 두 번이나 변했으니 처음 가는 것 같은 느낌이다. 21년 전에 다녀온 곳이라 망설이다가 시누이 부부의 권유로 동행하기로 했다. 여행은 언제나 즐겁다. 같이 하는 친구가 좋으면 더 좋다.

　출발 전부터 가슴이 뛴다. 떠나는 이들은 여행에 대한 기대로 설렘 가득한 표정이다. 다들 어디로 가는지 이민이라도 떠나는 것처럼 커다란 여행용 가방을 두세 개 챙긴 이부터 가방 하나 달랑 메고 가는 사람도 있다. 여행을 다녀 보니 짐은 최소한 줄이게 된다. 무거우면 이동할 때 여간 성가시지 않다.

　3시간 30여 분 걸리는 비행시간이니 그리 길지는 않다. 지친 심신을 달래려고 떠나는 이가 어디 나뿐일까. 피치 못할 업무차 떠나는 이들도 있을 테고. 공항은 언제나 북적인다. 역시 이번에도 만석이다. 긴 비행시간 동안 잠이 든 사람도 있고 친구들과 맥주를 마시고 큰 소리로 떠드는 사람도 있다.

잠시 눈을 감고 생각에 잠긴 것 같았는데 비행기가 고도를 낮추고 있다. 드디어 거의 다 온 모양이다.

비행기 안에서 보이는 톈먼산(천문산), 하늘로 통하는 문일까? 구멍이 뚫려 있는 산을 보니 장관이다. 오기를 잘했다 싶다. 몸도 예전 같지 않지만, 유네스코 세계자연유산으로 등재된 장자제도 많이 변했다. 웅장한 협곡은 여전히 압도당할 만한 풍광이다. 영화 〈아바타〉의 촬영 장소로도 유명한 곳이다. 처음 왔을 때는 날씨가 좋지 않아서 톈먼산은 가지 않았다. 21년 만에 다시 왔지만 모든 것이 변했으니 초행길이나 다름없는 셈이다.

옛날에는 산세가 험한 곳도 걸어서 올라갔다. 지금은 7.5km의 거리를 케이블카로 30분가량 타고 간다. 관광객이 많아서 기다리는 줄이 끝도 없이 길다. 여기서도 뒷거래가 있는 모양이다. 얼마간의 돈을 내는지 줄을 서지 않고 바로 들어갈 수 있는 VIP 길이 있다. 어느 곳이나 편법이 만연하는 모습을 보니 씁쓸하다. 차례를 기다리며 줄 서 있다가는 밤중에나 가는 건 아닌지 염려스러울 지경이다. 기다린 끝에 케이블카를 타고 가면서 보니 걸어서 가는 사람도 많다. 물론 건강이 허락해야만 가능한 일이지만 건강만큼은 자신이 없는 나로서는 어림없는 일이다.

천문동에 도착하니 하늘로 가는 999개의 계단이 보인다.

비행기 안에서 봤던 구멍 뚫려 있는 산을 보려고 이렇게 많은 사람이 왔다니. 저 계단을 올라 하늘에 닿는 꿈들을 안고 왔을 테다. 하늘과 가까이 가는 길을 따라 걸으며 사람들은 그렇게 믿고 싶었을 거다.

톈먼산의 명소는 해발 1,400m 지점 가파른 절벽에 만들어 놓은 유리잔도, 귀곡잔도다. 잔도 밑을 내려다보면 아득한 낭떠러지다. 잠시 보아도 온몸이 오그라들듯이 아찔하다. 산비탈을 깎아 긴 잔도를 만드는 일은 얼마나 힘들었을까, 아차 하는 사이에 천 길 낭떠러지로 떨어진 사람도 많다고 한다. 그들의 희생으로 관광객들은 편하게 다니지만, 길이 없는 곳, 낭떠러지 위험한 곳에 신(神)이 아니면 만들 수 없을 것만 같은 길을 내는 사람의 능력이 경이롭기까지 하다.

산꼭대기에 천문산사라는 사찰이 있다. 귀에 익은 염불 소리에 합장으로 인사하고 내려오는 길은 세상에나, 897m의 에스컬레이터다. 몇 차례 갈아탔지만 어떻게 산에다 에스컬레이터를 만들 생각을 했는지 인간의 상상력이란 어디까지 한계가 있는 건지 신기하여 감탄이 절로 나온다. 손쉽게 오고 갈 수 있는 시설이 있어도 무릎이 부실한 나에겐 여간 힘든 여정이 아니다.

일행들에게 힘든 내색을 안 하려고 했지만 모두의 염려스러운 인사말에 미안한 마음이다. 건강에 신경을 써서 좀 더 잘 관리할걸 하는 후회뿐이다. 천문광장에서 내려오니 야외 공연장에서 〈천문호선〉이라는 대형 뮤지컬 공연이 준비되어 있다. 여우와 토가족 나무꾼인 유해의 금지된 사랑 이야기, 전통 설화이다. 과연 덩치 큰 중국답게 극의 규모 또한 어마어마하여 입이 다물어지지 않았다. 장대한 무대와 조명, 특수효과, 출연 배우 수도 엄청나다. 제대로 된 중국 극을 본 듯하여 큰 감동이 밀려와 환호성을 지르며 박수를 보내고 내려왔다.

거대한 협곡으로 가기 위해 대협곡 엘리베이터를 타고 올라가면 협곡을 잇는 대협곡 유리 다리가 있다. 총 길이 430m, 폭 6m, 높이 300m의 유리 다리를 건너갈 때 심장이 멈출 것 같아서 유리 위를 걸을 수 없을 만큼 아찔하다. 유리 아래 협곡의 경치는 내려다볼 엄두조차 나지 않는다.

다리를 건너서 봅슬레이를 타고 내려왔다. 봅슬레이라지만 이상한 포대 비슷한 보자기를 두르고 타고 내려오는 미끄럼틀이다. 아찔하지만 높이 300m가 넘는 거리를 약 5분 만에 내려왔으니 쏜살같이 달려 내려왔으며, 그 짜릿한 전율은 느껴보지 않으면 모른다. 말로 표현할 수 없다.

봄이라지만 중국은 우리나라보다 덥다. 온몸이 땀에 젖어서 비 맞은 꼴이다. 유람선을 타기 위하여 협곡의 산책로를 걸어갔다. 힘들어하는 내 모습에 일행들은 모두 응원의 소리를 한 마디씩 한다.

유람선을 타고 협곡을 한 바퀴 돌면서 선상 식사를 했다. 여기가 중국인지, 한국인지 요즘 유행하는 트롯이 계속 흘러나왔다. 시원한 강바람에 땀을 식히고 다음 여정으로 세계에서 가장 큰 석회동굴 중 하나인 황룡 동굴로 향하여 갔다. 동굴 안에서도 배를 타고 들어갔다. 전체 길이가 약 15km에 달하며 내부면적 또한 어마어마하다. 종유석과 석순들이 가득하고 술을 빚던 곳도 있다. 우리 일행은 배에서 내리지 않고 돌아서 나왔다. 다 둘러보기엔 너무 광대해서 무리라는 판단을 했다.

죽기 전에 가 봐야 할 곳 중 한 곳인 장자제를 두 번째로 다녀왔다. 21년 만의 외출로 이번 여행은 함께 간 이들과의 우정까지 더해 또 다른 기억으로 간직할 것이다. 건강을 자신할 수 없는 나이 들어서 하는 여행이라 몸은 꽤 힘들었다. 하지만 진심으로 염려와 격려해 주는 일행들 덕분에 무사히 다녀왔다. 함께한 모두에게 감사드린다.

찻잔

우리 동네 한가운데 작은 커피집
그 이름 정겨운 정 다방

국적 알 수 없는 이름의
카페를 밀어내고

정(情) 찾아 들어가니
여느 카페와 다름없어

등산 다녀온 듯한 두 남자
욕 섞어가며 질박한 소리 토닥이고

직원이자 사장님인 남자가
가져다주는 커피

마주 앉은 친구와
주고받는 이야기에 넘치는 찻잔

해설
권민경 수필의 현재진행형에 대하여

정문숙

진정성은 어떻게 증명되는가?

 권민경 작가의 힘은 진정성이다. 수필 장르의 특성상 이야기의 소재는 사소한 일상에서 찾으나 결코 일상의 이야기에 끝나지 않는다. 간결한 문체로 소소한 일상과 작가의 눈으로 보는 사회 문제들을 담담하게 말하고 있으나 절대 가볍지만은 않은 이야기들이다. 이야기의 끝은 긴 여운으로 남는데 그런 힘은 어디에서 오는가. 자신에게 주어진 몫의 삶을 묵묵하게 견디며 살아온 이들에게서만 나오는 저력이다.
 그 힘은 어떻게 발현되는가. 절제된 언어의 구사력이다. 절제된 언어는 삶의 군더더기를 지워내어 사물과 현실을 관통하는 이야기의 본질에 집약된다. 매 순간 일어나는 사소한 거스러미는 안으로 삭인다. 그런 사소한 거스러미들이 그녀 안에서 응집되어 보석으로 다져졌다. 그리고 다시 태어났다. 그 보석은 '진짜'라는 힘을 가졌고, 그 힘은 바로 권민경 작가의 글이 갖는 진정성이다.

　작가의 글 곳곳에서 너무 늦은 나이에 문학의 길에 들어선 아쉬움이 묻어난다. 하지만 너무 늦었다고 깨달을 때가 가장 빠른 시기라는 걸 우리는 알고 있다. 그래서 뒤늦은 나이에도 글을 향한 발걸음을 멈추지 않는다. 작가는 언제까지 글을 쓸 수 있을까, 하는 조바심을 다독이며 그녀 앞에 놓인 길을 걸어간다. 수행자가 온몸을 던져 오체투지하며 나아가듯 온몸과 마음을 다해 글을 향한 순례의 길을 걷는다. 이제는 걸음을 멈출 수 없다는 것을 스스로 깨닫는다. 행복한 깨달음이다. 마르지 않는 샘물처럼 안으로 고이는 사유를 퍼내어야 살 수 있다는 뒤늦은 깨달음으로 한 권의 책을 완성하였다. 권민경 작가가 살아온 길, 글로 승화되어 문학 작품으로 꽃을 피운 글,『깡깡』을 톺아보며 다시 길을 나서는 작가의 현재진행형 순례를 응원한다.

　　보석을 찾아내는 마음, 진실을 지켜내는 일상

　『깡깡』에 수록된 작품들이 건네는 이야기에는 평범한 일상 속에서 발견하고 깨닫는 작가의 긍정적인 시선이 담겨있다.

그 시선의 시작에는 가족에 대한 연민과 사랑, 삶에 대한 수용과 내일에 대한 희망이다. 가족 관계 서사는 다양한 장르의 문학 작품들에서 작동한다. 작가들에게는 스쳐 지나가기 어려운 이야기 구조이다. 그것은 작가의 본질을 형성한 시원(始原)이기 때문이다. 가족들과 주변의 이야기, 늦깎이 작가로서의 소회, 오랜 시간 종교 활동을 통해 깨달은 이야기들, 책을 덮으면 마치 귓가에 '깡깡' 울리는 소리가 들리는 것처럼 다양한 관계 서사가 작동하여 눈과 귀가 즐겁다. 색감이 선명하여 오래도록 잔향이 남는다.

「깡깡」속 아이는 엄마가 바다로 일을 나간 동안 기다림을 통해 일찌감치 홀로 된 어머니 앞에 던져진 고된 삶을 맛본다. 아이의 시선으로 본 바닷가 마을의 풍경을 간결하게 그려내어 고단함이 느껴지기보다 동화 속 이야기처럼 읽는 이들에게는 한 폭의 수채화로 뇌리에 남는다. 어른이 되어 영도 깡깡이 마을을 보며 회상에 젖는 모습이 한 편의 드라마를 보는 듯하다.

작품 「슬하」에서 낙타가 무릎을 꿇는 행위를 굴신과 굴복이 아닌 섬김과 인정이라는 깨달음을 보여준다. 절대자를 향해 기도하며 자신을 낮추는 사람들의 모습을 떠올리게 한다. 마치 구도자가 몰두할 화두를 안고 순례의 길을 떠나는 것처럼 작가도 삶에 대한 화두를 품고 크고 작은 일들을 참고 견디며 묵묵히 제 몫의 일을 해낸다. 자신 앞에 던져진 상처도 상처라고 인식할 때 고통이 되듯이 상처가 디딤돌이라는 인식의 전환을 통해 담담히 현실을 헤쳐 나간다.

사변둥이로 태어난 작가는 너무 어려서 전쟁의 실상을 직접 보진 못하였다. 「니는 모른다」를 통해 그 세대들이 겪은 현실의 무거움을 작가만의 시선으로 그려내었다. '언니'라는 화자를 빌려 지난 세대들의 고단했던 삶을 살아내며 피할 수 없었던 현실을 지나온 이들에게는 따뜻한 위로를 보낸다. 칠십여 년 세월이 흐른 후 작가가 알고 있는 주변의 작은 에피소드를 엮어 풀어내는 이야기는 함께 상처를 극복해 낸 이들에게는 옛일을 반추하며 일상을 채울 수 있는 얘깃거리기도 하다.

친구와 함께 떠난 여행지를 걸으며 서사를 전개한 여로형 수필 「하늘로 간 산정호수」는 가족 상실의 아픔을 이야기한다. 산정호수에 얽힌 친구의 사연은 산빛이 내려와 붉게 물든 호수의 풍경과 대비되어 더욱 처연하다. 어쩌면 환하게 웃고 있는 저들에게도 가슴 한쪽을 도려내는 것 같은 슬픔 하나씩은 품고 살아간다는 공감과 위로를 곁들인 위안의 글이다. 산정호수를 돌며 탑돌이 하듯 발원하는 이들의 발걸음 소리를 들으며 잠든 이가 외롭지 않으리라 기원하는 해원굿으로 승화시킨다. 대상을 향한 작가의 자애로운 시선이 돋보인다.

이야기가 탄생하는 샘이 깊은 물

　권민경 작가는 고행의 순롓길에 오르는 수행자들이 소용에 닿지 않는 물건들을 다 버리고 행장을 꾸리듯 본질을 벗어난 군더더기와 행보에 성가신 거스러미를 말없이 걷어내고 다시 담담하게 걸어간다. 그동안 삶이라는 순례의 길에는 만화방창 휘늘어지는 꽃들과 벌과 나비 난무하는 봄날도 있었을 테고, 세상을 집어삼킬 듯 휘몰아치는 태풍 속에서 흔들리며 제자리를 지키는 나무들의 여름도 있었을 테다. 가을이면 홀로 보이지 않는 곳에서 피었다 스러지는 작은 풀들의 그림자가 쓸쓸하여 눈물짓기도, 가진 것 죄 떨구고 다음 봄을 기약하며 부지런히 물을 길어 나이테를 키우는 뜰 앞 고목을 향해 훈기 가득한 응원의 눈빛을 건네는 겨울도 보냈을 터이다.
　그 눈빛에는 늘 농담과 해학이 있다. 작가의 길을 무겁지 않게 하는 길동무이자 그녀가 무의식적으로 찾아낸 삶의 돌파구이다. 농담과 해학은 작품 곳곳에 숨어 있다가 얼굴을 내밀어 읽는 이로 하여금 잔잔히 미소 짓게 한다. 그녀의 서사에 깃든 웃음 뒤에는 책임감이라는 무게감이 있다. 딸로서, 아내로서, 엄마로서, 자신의 길을 지키며 걸어간 걸음마다 묵직한 울림을 준다. 이제는 작가로서의 길까지 더하여 다소 버거울 수도 있겠다. 새벽에 일어나 늦은 밤까지 글을 쓰며 덜고 더하며 퇴고하였듯이 앞으로 작가의 삶도 글도 퇴고를 거듭하여 간결한 행보를 더하지 않을까 기대한다.

  권민경 작가는 간결한 문체로 이야기를 전개하여 전하고 싶은 메시지에 도달한다. 진짜를 말하고 있으나 힘들지 않은 듯 담담하게 소회를 밝힌다. 무겁지 않은 문체를 사용하여 무거움도 가볍게 하는 글의 힘을 안다. 글을 읽는 이로 하여금 저절로 고개를 끄덕이게 한다. 권민경 작가의 글이 갖는 강점이다. 작가 안에 침잠해 있는 이야기의 힘이며, 그녀 존재의 힘이기도 하다. 그 힘은 작가가 자신 앞에 놓인 삶을 담담하게 받아들이고 인내하며 묵묵히 자신을 갈고닦은 삶의 자세에서 나온다. 바로 묵묵히 견디는 힘이다. 그것들이 쌓이고 쌓여 단단한 보석이 된다. 지금까지 그래 왔던 것처럼, 권민경 작가의 이야기 샘은 깊어서 퍼내어도 마르지 않는 샘물이 되어 흐를 것이다. 그래서 권민경 작가의 수필은 현재진행형이라고 말할 수 있다.